JN296911

きれいになれる ランニング

牧野 仁 著

大修館書店

PART 3 走ってリラックス

- 46 ランニングはストレスを解消する
- 48 ストレッチとマッサージでボディメンテナンス
- 54 「アイシング」&「温める」でボディメンテナンス
- 56 アロマテラピーでボディメンテナンス

〈コラム〉
- 49 むくみ・筋肉痛撃退にストレッチ
- 55 すっぱいけれど強力助っ人「クエン酸」
　　やさしい味でしっかりサポート「アミノ酸」

PART 4 楽しくきれいにランニング

- 62 きれいなシューズ&ウエアの選び方
- 66 快適なランニングをサポートするグッズ
- 68 ランニングビューティーレッスン
- 74 大会に出てみよう！

〈コラム〉
- 73 女性ランナーの天敵！貧血防止
- 77 汗をかく前にこそ水分補給
- 79 運動すると疲れがとれる不思議

78 走る前の不安　走り出してからの疑問　全部お答えします
牧野トレーナーに聞いてみよう！
- 87 ランニングダイアリー

きれいになれる
ランニング
Contents

PART 1 きれいにやせる＝速く走れるメカニズム

- 6 なぜ太るの？なぜやせないの？
- 8 どうやってやせるの？
- 10 きれいにやせるメカニズム
- 14 きちんと食べてやせよう！

〈コラム〉
- 11 心拍数と運動レベルのいい関係
- 13 キャンプファイヤーは脂肪燃焼モデル？
- 17 リンゴ型と洋なし型 あなたはどっち？

PART 2 ランニングエクササイズ

- 21 こんな姿勢とっていませんか？
- 22 きれいな走りとボディラインが手に入る①
  基本の姿勢エクササイズ
- 26 きれいな走りとボディラインが手に入る②
  基本の立ち方・座り方
- 28 きれいな走りとボディラインが手に入る③
  基本の歩き方
- 30 きれいな走りとボディラインが手に入る④
  基本のウォーキングエクササイズ
- 36 **走れる美脚をつくる**ランニングエクササイズ①
- 38 **ヒップアップもできる**ランニングエクササイズ②
- 40 **肩こり・腰痛すっきり解消**ランニングエクササイズ③

〈コラム〉
- 25 都市伝説「ご飯を食べると太る」vs「走ると足が太くなる」
- 35 数字にまどわされるな！ 体重は1日2kgも変化する
- 39 疲れのモト？「乳酸」の正体

モデルがマラソンにチャレンジするというのをよく見かけます。あの華奢な体にもかかわらず、みなさん完走しています。さらに、マラソン経験のある男性ランナーを含めても3割程度しかいない3時間台の記録を出してしまう人もいます。成功の理由って何だと思いますか？

やせているから？　秘かにハードな練習をしているから？　専門のコーチがいるから？

どれも当てはまるでしょう。でもそれだけならほかのランナーも例外ではありません。

この謎を解く鍵は、彼女たちが"速く走れる4つの要素"をふだんから行っていた、ということです。

- きれいに歩く練習を繰り返し行う＝有酸素運動
- きれいに立つための姿勢に注意している＝無酸素運動
- 食生活に注意を払っている＝正しい食事
- 時間の不規則な仕事で生活が乱れないよう気をつけている＝正しい生活習慣

この「有酸素運動」「無酸素運動」「正しい食事」「正しい生活習慣」という4つの要素は、"きれいにやせる4つの要素"でもあります。速く走れる基礎ができている人がトレーニングをするのですから、当然短期間でマラソンに挑戦できるし、きれいにやせるための要素も持っていますから、美しさを保ったまま走ることができたのです。

第1章ではこの大切な4つの要素についてお話ししたいと思います。走り出すのはその後で。

速く走れるメカニズム

PART 1
きれいにやせる

なぜ太るの？なぜやせないの？
どうやってやせるの？
きれいにやせるメカニズム
きちんと食べてやせよう！

〈コラム〉
心拍数と運動レベルのいい関係
キャンプファイヤーは脂肪燃焼モデル？
リンゴ型と洋なし型 あなたはどっち？

なぜ太るの？なぜやせないの？

年齢を重ねるごとに、「昔の服が着られない」「いつの間にか少し太った？」「ダイエットしたら肌が荒れた」「一度はやせたけどリバウンドした」そんな経験ありませんか？

なぜ「太る」「やせない」のでしょうか？現在のウエイトに満足していない人がきれいにやせるためには、まず太る要因を把握しておかなければなりません。

初めに、今、本当に太っているのかどうかを把握しましょう。ここでは一定期間ダイエットしてやせたことを除いた18～20歳代の体型を基準にします。この時期の体型は体の内面（消費カロリー・ホルモンなど）、外面（身長、体重）ともに成長のピークを迎えるからです。

まず、20歳前後の体重を思い出してください。思い出せない場合は表1を参考に、現在の体重と比較してみてください。また、当時の写真と現在の自分を見比べてみるのも1つの方法です。

比較の結果、体重が増加しているとして、ではどうして太ってしまうのでしょうか。太る要因は大きく分けて次の4つです。

・食生活の乱れ
消費カロリーが減っているのに、食べる量は変わらず、飲酒や間食が増える

・動かない
忙しい、運動が苦手

・食生活の乱れ
お酒をよく飲む、食べる時間が不規則、間食、お菓子をよく食べる

・年齢
子供を産んでから体型が変わった、食べる量は変わらないのに太る

・ダイエットの失敗
リバウンドを繰り返す、我慢が苦手

この4つの要因を、具体的に見ていきます。

・動かない

つまり…
エネルギーを使わず、食べたものを脂肪としてためこむから太る

よく、食べる量は昔と変わらないのに体重が増えたという声を聞きます。年齢を重ねるにつれ、仕事や家庭が忙しくなり、スポーツからも遠ざかって運動量が減ります。いつの間にか消費カロリーが減少しているのです。その一方で、不規則な食事や飲酒、間食などで摂取カロリーは増えていきます。こうして食べたものをそのまま体にたくわえてしまい、太ってしまうのです。

・エネルギー（カロリー）が減らせない

表1 17歳（高校生）女子の平均身長・体重〈全国〉

生まれ年	17歳時における平均身長	平均体重	生まれ年	17歳時における平均身長	平均体重	生まれ年	17歳時における平均身長	平均体重
1960	153.7cm	50.4kg	1970	155.6cm	52.1kg	1980	157.0cm	52.1kg
1961	154.0cm	50.6kg	1971	156.0cm	52.3kg	1981	157.1cm	52.3kg
1962	154.0cm	50.8kg	1972	155.8cm	52.3kg	1982	157.3cm	52.4kg
1963	155.4cm	50.8kg	1973	156.0cm	52.3kg	1983	157.4cm	52.4kg
1964	154.7cm	51.0kg	1974	156.2cm	52.3kg	1984	157.6cm	52.7kg
1965	154.8cm	51.2kg	1975	156.3cm	52.2kg	1985	157.6cm	52.8kg
1966	155.0cm	51.3kg	1976	156.5cm	52.3kg	1986	157.7cm	52.8kg
1967	155.2cm	51.6kg	1977	156.6cm	52.2kg	1987	157.8cm	52.8kg
1968	155.3cm	51.7kg	1978	156.6cm	52.0kg	1988	157.8cm	52.7kg
1969	155.4cm	51.8kg	1979	156.7cm	52.3kg	1989	157.8cm	52.6kg

つまり、以前と比べ生活が不規則になり、運動もしない状態なのに、食事だけは以前と変わらないということが太ってしまう最大の要因といえます。

また、妊娠・出産も大きなターニングポイントです。妊娠中は赤ちゃんと2人分のエネルギーが必要となり、たくさん食べるようになります。出産後、増えた食事量が変わらなければ、元の体重に戻らなくなってしまいます。

太った場合、ダイエットに励むことになりますが、やせることができても必ずリバウンドの落とし穴が待っています。食事を消費カロリー以下に押さえることでやせた場合、食生活を元に戻すと、体は久しぶりに入ってきたエネルギーを少しでもたくわえようとします。ギリギリのエネルギーで維持していた体は、餓死しないよう防衛本能が働き始め、脂肪をためこみやすい状態になっています。ダイエットの結果が出たからといって消費エネルギーを上げることをおろそかにしてしまうと、飢えている体はエネルギーをためこみがちになり、結果やせにくい体になってしまうのです。やせる前と同じ食事に戻しただけなのに、かえって太ってしまう、これがリバウンドの正体です。

どうやってやせるの？

ここまで「太る」「やせにくい」ということの要因を確認しました。次に、「やせる」ということがどんなことか、改めて把握してみましょう。

一般的にやせるといえば、「体重を減らす」「体脂肪を減らす」「サイズを減らす」の3つの要素が思い浮かぶと思います。

体重を減らす（現在の体重より減らすこと）

人間の体は1日に1〜2kg増減します。したがって、まずは決まった時間および同じ条件で（例えば起床時で食事・水をとらない状態）体重を計測しましょう。さらに前日の食事量も影響します。1日だけの体重増減で一喜一憂しないように、1週間の平均体重で考えるとよいでしょう。

体重を減らす方法

○食ダイエット

食事制限、食物繊維ダイエット、インスリンダイエットなど。ダイエット (Diet 仏) とは本来「正しい食事」のことですが、一般的にやせる方法を指す言葉としてダイエットを使用することが多いので、ここでは後者の意味を使用します。

○汗をかく

ウォーキング、ランニングなどの有酸素運動など。水や食事を減らせば確かに数字は減りますが、肌荒れやホルモンバランスの異常をきたしたします。きれいにやせるとはいえないでしょう。

体脂肪を減らす

体脂肪は、女性では20〜25％、男性では15〜20％必要だと言われます。その脂肪の余剰分を減らすことが「体脂肪を減らす」ですが、

同時に体重が減るわけではありません。

一般的な計測には体脂肪計を用いますが、計算による推定値であり、必ずしも自分の正確な体脂肪ではないことに注意が必要です。体脂肪計の計測方法は、微弱電流を体内に流し電気抵抗値で算出するインピーダンス法という方法です。メーカーにより算出方式が違うので、体脂肪率も若干異なりますう。現在では手と足で同時に測るタイプが主流で、計測時間による誤差を減らしています。ただ、水分量や筋骨格量により異なるため、毎回一定の時間に測って1週間の平均値を基準にしましょう。特に朝起きた直後が正確な数値が得られます。

体脂肪を減らす方法
○ 筋力トレーニング
スポーツジムで器具を使い体に負荷をかけたトレーニングや、腹筋などの無酸素運動。
○ 脂肪を燃焼させる
ウォーキング、ランニングなどの有酸素運動。

サイズを減らす（ウエストや太ももなどを細くする）

よく言われる「部分やせ」です。確かに筋肉をうまく使うと一瞬サイズは減少しますが、体重や体脂肪の変化がなければ部分やせはありえません。さらにサイズにこだわりすぎると、細くなるのではなく貧弱になることがありますから注意が必要です。

サイズを減らす方法
○ 姿勢をよくする
○ 気になる部分の筋力トレーニング
○ ウォーキング、ランニング

つまり「やせる」という状態にはそれぞれの特徴があり、「体重」「体脂肪」「サイズ」の3つの要素は「バランスよくきれいにやせる要素」ともいえます。どれか1つの要素を抜きにやせても、後々リバウンドしたり、体のバランスを壊してしまいます。

注意　計測についてのNG

数値は1日の中でも変動します。一定の時間に毎日測り、数値を減らすことだけに専念しないことが大切です。
× 一番低い数値以外は認めない
× 数値が悪いと計測しなくなる
× 標準体重以下でないと納得できない
こんな状態はNG。一番ダイエットに失敗する例です。「正確に測ること」がきれいにやせる第一歩です！

きれいにやせるメカニズム

さあ、本題です。きれいにやせるためには、体重だけ落とすのでは難しいことがわかりました。さらにその方法も、同じように1つだけでは難しいことが理解できたと思います。「体重」「体脂肪」「サイズ」それぞれを、まんべんなく減らすことがきれいにやせることにつながるわけです。

3つの要素が"やせる"には、第1章のプロローグでご紹介した秘密の4要素、「有酸素運動」「無酸素運動」「食事」「生活習慣」からのアプローチが必要です。それぞれ説明していきましょう。

有酸素運動
〈ウォーキング・ランニングなど〉

有酸素運動とは文字通り酸素を使う運動のことですが、簡単には「苦しくない運動」ととらえてください。したがって、ランニングで一生懸命走ることは有酸素運動にはなりません。走る時に呼吸を意識するほどの運動はただつらいだけです。楽しく運動し、確実な有酸素運動をするためにも、自分にとって楽なペースで体を動かすことが必要となります。

有酸素運動の効果

① 爽快な汗をかく

サウナスーツでの運動は爽快感がありません。ただの脱水症状です。やりすぎると危険なこともありますので注意が必要です。

② 血液循環がよくなる

有酸素運動は全身運動のため、足の先、手の先まで血液がよく流れます。同時に栄養分もすみずみに行き渡り、体の中が改善されます。仕事などで疲れた体もスッキリします。

③ 心肺機能がアップする

肺から取りこまれた酸素は赤血球を介して全身にめぐります。酸素を多く含む血液は心臓を介して動脈血として流れます。老廃物を含む静脈血が心臓から肺に戻ることで呼吸が成り立っているため、血液もきれいになっていきます。ランニングを続けると、この機能はより効率よく働きます。

て運動しても体脂肪を分解する能力はかえって低下します。ところが、適度な休憩をとると、脂肪の分解物質である遊離脂肪酸やグリセロールの量が継続運動よりも多く出るという研究結果があり、脂肪分解効果が高いといわれています。

④ 最大心拍数

心臓の鼓動は最大でも1分間に190拍前後（最大心拍数）となります。脂肪燃焼を目的としたランニングでは、最大心拍数の50〜60％（120〜140拍）が理想の心拍数ゾーンと言われ、このゾーンで10分以上運動を継続すると効果がでます。

効果の出る運動レベル

① 話しながら走る程度のランニング（ウォーキング）

② 10分以上の継続

③ 適度な休憩（30分に1回の休憩）

運動が苦手な人や、まだ走ったことがない人が、長い時間継続し

心拍数と運動レベルのいい関係

　心拍数とは、1分間に心臓から血液を全身に送り出す回数で、「安静時心拍数」と「最大心拍数」があります。安静時心拍数は一般的には起床時の心拍数を指し、これが活動基準となります。最大心拍数は一般的には計測することが困難なため、簡易的な計算方式で算出します。

　安静時と最大時、両方の心拍数を元に、目的別運動レベルに適した心拍数の範囲を計算することができます。
【最大心拍数計算方法】220－年齢＝最大心拍数
【運動適正心拍数計算方法】
（最大心拍数－安静時心拍数）×運動レベル別％＋安静時心拍数＝運動適正心拍数

運動レベル		目的	心拍数（最大心拍数%）
4	強い強度	最大運動能力向上	85～100%
3	適度な強度	心肺機能向上	70～85%
2	軽い～適度な強度	持久力向上	60～70%
1	軽い強度	これから運動を始めたい	50～60%

　では、計算式と表をもとに、運動に適した心拍数を割り出してみましょう。
【例】40歳／安静時心拍数60拍／運動レベル1の場合
　最大心拍数：220－40＝180拍
　運動適正心拍数：(180－60)×50～60%＋60＝120～132拍

　心拍数をもとにしたトレーニングの効果としては、体調や体温の変動がもたらす体の変化もしっかりとらえられることです。たとえば、いつもより走るスピードが遅くても、心拍数が体の状態を客観的に示してくれるので、効率よく運動することが可能となります。なお、心拍数をチェックしながら運動する場合に便利なグッズがあります。66ページを参考にしてみてください。

無酸素運動〈筋力トレーニングなど〉

ランニングは有酸素運動という話をしましたが、この本で紹介するランニングには、姿勢を整える運動や簡単な筋力トレーニングも含まれます。この2つは無酸素運動と呼ばれる運動ですが、有酸素運動だけでは得られない、きれいにやせる秘密が隠されているのです。

それは、車のエンジンが大きいと車の速度が速いのと一緒で、筋肉量が多いほどよく脂肪が燃えやすく、太りにくい効果があるということです。

ここで紹介する無酸素運動は、一般的な筋力トレーニングやダッシュのようなきつい運動ではなく、姿勢をよくするために筋肉に力を入れて固定し、そのままキープする運動である「アイソメトリックトレーニング（等尺性運動）」を行います。

アイソメトリックトレーニングによって腹筋を筆頭に、大きな筋肉であるおしり（大殿筋）や背中（広背筋）を鍛え、インナーマッスル（体の中の筋肉・大腰筋）なども刺激します。これらの鍛えられた筋肉があるからこそ、きれいな姿勢ができ、エネルギーがしっかり燃焼してやせられるのです。

無酸素運動の効果

① 基礎代謝がアップする

基礎代謝とは、人間が一日普通に過ごすだけで消費される最低限のエネルギーです。基礎代謝は何もしないと低下していきますが、無酸素運動を取り入れることで上げることができます。

② ボディバランスが整う

有酸素運動で体脂肪が燃焼しても、ゆるんでいる部分まで引き締まるわけではありません。筋力トレーニングを取り入れることでゆるんだ部分を引き締め、さらには貧弱な部分を底上げすることで、よりきれいなボディをつくることができます。

アイソメトリック

同じ姿勢をとったまま力を入れる状態を指します。動かないものを押したり引いたりする状態を思い浮かべてください。例えば「背のび」は、背中・おなかを上にのばそうとする筋肉を緊張させ続けていますね。姿勢をよくするために有効なトレーニングです。

アイソトニック

ひざやひじを曲げたりのばしたりしている状態を指します。歩く、走るといった動作が当てはまります。力こぶもこの作用に入ります。

キャンプファイヤーは脂肪燃焼モデル？

「運動でやせる」ことを「体を燃やす」と表現することがあります。この表現を実際の炎で考えてみましょう。キャンプなどで火をおこす際に、最初からたきぎを燃やす人はいません。たきぎに火がつくように、初めは木の葉や新聞紙など燃えやすいものから燃やします。次に空気（酸素）を入れるためにうちわであおいだりしますね。この火が強くなるとたきぎも燃え始め、たきぎがしっかり燃えると二酸化炭素が出て灰が残ります。

では次に、この流れを体に置き換えてみましょう。
- 燃えやすい新聞紙＝糖分
- うちわであおぐ＝ウォーキングなどの有酸素運動
- たきぎ＝脂肪
- 二酸化炭素と灰＝呼吸（二酸化炭素）と汗（水）

糖質を燃やす材料には水も含まれます。例えば、車のエンジンは水がないと効率よく回転しなかったり、焼けついてしまって動かなくなります。ランニングも同じで、運動中にこまめに少量の水分をとらないと、脂肪がうまく燃えないのです。さらに10分以上ランニングを継続しないと、脂肪が燃える状況は生まれません。かといって、あまりにも長時間走っていると体の循環が悪くなり、体を燃やすことができにくくなるので注意が必要です。

きちんと食べてやせよう！

きれいにやせるために運動を継続しても、食事量が増えてしまっては体重は変わりません。消費エネルギーに対する摂取エネルギー（カロリー）に気をつけて食べましょう。

> 消費エネルギー ＞ 摂取エネルギー ＝ やせる

2つのエネルギー量の差は1割程度までにとどめるのが理想です。これ以上摂取カロリーを減らしたり、炭水化物を減らしたり（ご飯抜き）といった過度のダイエットは、糖質不足で頭が働かなかったり、肌荒れを起こしたりと体に悪影響を及ぼしますので避けましょう。

したがって、やせる鍵を握るのはこの「30％」です。特に何もしなければ、この30％の消費量は減少してしまいます。いくらランニングで脂肪燃焼させ、無酸素運動で基礎代謝を上げても、ふだんの生活で何もしなければ意味がありません。

この悪循環を見れば、規則正しい食事がいかに正しい生活習慣に重要なのかがわかります。規則正しい食事はリズムのよい生活に結びつき、エネルギー消費に貢献します。リズムのよい生活は、睡眠時間も確保でき、その分ぐっすり眠れて疲労も取り除かれます。

正しい生活習慣

ここまでの話で、「有酸素運動」「無酸素運動」「正しい食事」の3つが完璧であればきれいにやせると感じている方も多いと思います。

しかし、一番重要なのは実はふだんの生活なのです。私たちが消費するエネルギーを100とすると、約10％が食事（噛む、消化など）に使われ、約30％が日々の行動で使われます。残りの60％は何もしなくても使われるエネルギー（基礎代謝）です。

正しい生活習慣を身につける方法

①規則正しい食事

三食きちんと食べましょう。朝食をしっかり食べ、夕食を少なめにすれば、体はムダなエネルギーをためません。夜寝る前に食事をしてしまうと、胃腸が消化のために活動することで寝つけなくなったりします。寝る直前に過度な運動をすると興奮して寝つけないのと同じです。そのツケが朝に回ると目覚めが悪くなり、朝食もまくとれません。さらにこの朝食のツケが夜へとしわ寄せされていきます。

②普段からこまめに活動

仕事をしている人なら、仕事中の空き時間を使ってストレッチをする、などをしてみましょう。専業主婦であれば、掃除や買い物などで体を動かします。休日は、ウィンドーショッピングや習いごとをするなど、外へ出かけます。運動量自体はたいしたことがありませんが、塵も積もれば山となるで、きれいにやせるためには、体の内から外までくまなく目配りすることが大事なのです。脂肪も燃えやすくなります。

エレベーターを使わない、仕事中のエレ

14

チェックしてみよう！正しい生活習慣の目安

バランスよくおいしく食べてますか？ 〈食生活指針（農林水産省策定）〉

食事を楽しみましょう。
- 心とからだにおいしい食事を、味わって食べましょう。
- 毎日の食事で、健康寿命をのばしましょう。
- 家族の団らんや人との交流を大切に、また、食事づくりに参加しましょう。

1日の食事のリズムから、健やかな生活リズムを。
- 朝食で、いきいきした1日を始めましょう。
- 夜食や間食はとりすぎないようにしましょう。
- 飲酒はほどほどにしましょう。

主食、主菜、副菜を基本に、食事のバランスを。
- 多様な食品を組み合わせましょう。
- 調理方法が偏らないようにしましょう。
- 手作りと外食や加工食品・調理食品を上手に組み合わせましょう。
- ごはんなどの穀類をしっかりと。
- 穀類を毎食とって、糖質からのエネルギー摂取を適正に保ちましょう。
- 日本の気候・風土に適している米などの穀類を利用しましょう。

野菜・果物、牛乳・乳製品、豆類、魚なども組み合わせて。
- たっぷり野菜と毎日の果物で、ビタミン、ミネラル、食物繊維をとりましょう。
- 牛乳・乳製品、緑黄色野菜、豆類、小魚などで、カルシウムを十分にとりましょう。

食塩や脂肪は控えめに。
- 塩辛い食品を控えめに、食塩は1日10ｇ未満にしましょう。
- 脂肪のとりすぎをやめ、動物、植物、魚由来の脂肪をバランスよくとりましょう。
- 栄養成分表示を見て、食品や外食を選ぶ習慣を身につけましょう。

適正体重を知り、日々の活動に見合った食事量を。
- 太ってきたかなと感じたら、体重を量りましょう。
- 普段から意識して身体を動かすようにしましょう。
- 美しさは健康から。無理な減量はやめましょう。
- しっかりかんで、ゆっくり食べましょう。

食文化や地域の産物を活かし、ときには新しい料理も。
- 地域の産物や旬の素材を使うとともに、行事食を取り入れながら、自然の恵みや四季の変化を楽しみましょう。
- 食文化を大切にして、日々の食生活に活かしましょう。
- 食材に関する知識や料理技術を身につけましょう。
- ときには新しい料理を作ってみましょう。

調理や保存を上手にして無駄や廃棄を少なく。
- 買いすぎ、作りすぎに注意して、食べ残しのない適量を心がけましょう。
- 賞味期限や消費期限を考えて利用しましょう。
- 定期的に冷蔵庫の中身や家庭内の食材を点検し、献立を工夫して食べましょう。

自分の食生活を見直してみましょう。

- 自分の健康目標をつくり、食生活を点検する習慣を持ちましょう。
- 家族や仲間と、食生活を考えたり、話し合ったりしてみましょう。
- 学校や家庭で食生活の正しい理解や望ましい習慣を身につけましょう。
- 子どものころから、食生活を大切にしましょう。

無理をしないで休んでますか？ 〈健康づくりのための休養指針（厚生労働省策定）〉

1. 生活にリズムを
- 早めに気付こう、自分のストレスに
- 睡眠は気持ちよい目覚めがバロメーター
- 入浴で、体も心もリフレッシュ
- 旅に出かけて、心の切り換えを
- 休養と仕事のバランスで能率アップと過労防止

2. ゆとりの時間でみのりある休養を
- 一日30分、自分の時間をみつけよう
- 活かそう休暇を、真の休養に
- ゆとりの中に、楽しみや生きがいを

3. 生活の中にオアシスを
- 身近な中にも憩いの大切さ
- 食事空間にもバラエティを
- 自然とのふれあいで感じよう、健康の息吹を

4. 出会いときずなで豊かな人生を
- 見出そう、楽しく無理のない社会参加
- きずなの中で育む、クリエイティブ・ライフ

体、動かしてますか？ 〈健康づくりのための運動指針2006（厚生労働省策定）〉

週23エクササイズ（メッツ・時）の活発な身体活動を。そのうち4エクササイズは活発な運動を！

■身体活動…安静にしている状態より多くのエネルギーを消費するすべての動きのこと
■運　　動…身体活動のうち、体力の維持・向上を目的として計画的・意図的に実施するもの
■生活活動…身体活動のうち、運動以外のものをいい、職業活動上のものも含む

　生活習慣病予防のため、厚生労働省が策定した指針です。運動や身体活動などをその強度によって分類し、ふだんの生活の中で自然と行っている活動に加え、運動も行い、それぞれが目指す健康づくりの目安を示しています。毎日激しい運動をするのではなく、例にあげた生活活動や運動を継続的に行うことをすすめています。
　例えば、20分歩くことが1エクササイズとされています。自宅から駅、駅から勤務先へ歩くだけでも2エクササイズに相当する人は多いでしょう。昼休みの外出で歩いたり、駅や職場の階段を上り下りすることも含めば、一日3.5エクササイズ程度は動いているはず。歩くことを心がけるだけで3.5×5＝17.5エクササイズになります。目標とされる23エクササイズに足りない残りの5.5エクササイズは、休日に庭仕事をしたり、軽いウォーキングをすることで十分達成できるのです。

リンゴ型と洋なし型　あなたはどっち？

　体型をあらわす言葉で「リンゴ型」「洋なし型」というのを聞いたことはありませんか？　これは、「内臓脂肪型」と「皮下脂肪型」との違いを、イメージしやすいフルーツに例えたものです。

　内臓脂肪型は、内臓近くにつく脂肪のため、おなか全体がふくらんでいきます。中高年男性のおなか周りがまさにリンゴ型といえます。皮下脂肪型は、特に下腹部に多く脂肪がつきやすいタイプ。多くの女性が下腹ポッコリに悩まされていると思います。なぜ下腹部なのかといえば、子宮などの大切な器官を保護する目的で脂肪がつくからなのです。

　メタボリック症候群やその予備軍であるかどうかをチェックする際、腹囲計（ウエストではなく、おなかの一番出ているところを計る）や体脂肪率などを測定しますが、両方とも女性の数値が高く設定されています。女性は男性に比べて皮下脂肪量が多く、皮下脂肪の中にさらに内臓脂肪があるという判断から、高く設定されているそうです。

　では、どのように2つの脂肪を減らせばよいのでしょうか。まずは内臓脂肪です。内臓脂肪は生活の乱れ、代謝量に比べ摂取量が多いといったことが原因でたくわえられます。特にお酒を多く飲む男性に多い傾向があります。ですから、摂取と代謝のバランスを修正し、規則正しい生活を送れば解決できます。元々、内臓脂肪は生活習慣によってついたわけですから、食事の節制や適度な運動で解決することが可能なのです。

　しかし、やっかいなのは体を保護するためについてきた皮下脂肪です。食事制限をすれば内臓脂肪は減りますが、適正体重の人だった場合、かえって貧弱な体になり肌つやにも影響を及ぼしてきます。そこで、脂肪を燃焼させるために運動が必要になってきますが、重要なのはその方法です。皮下脂肪が目立つ人は脂肪代謝が悪いだけでなく、腹筋が弱っているのです。おすすめしたいのは、腹筋運動を繰り返し行うこと。本書で紹介しているエクササイズ（43ページ）は、腹筋運動も取り入れています。そのまま実践していただければ、すぐに皮下脂肪は落ちなくても、腹筋全体がよくなり、下腹だけを保護していた皮下脂肪がおなか全体を守るようになるため、腹囲計の数値が改善されることがあります。脂肪を落とすことも大事ですが、腹筋力を上げて正しい姿勢を維持することが、皮下脂肪対策にもなりますので、ぜひ取り入れてみてください。

la poire　　la pomme

この章では、ランニングフォームときれいなボディラインの両方に効果的なエクササイズを紹介します。すべてのエクササイズは簡単そうな見た目と違い、少し手強いものもあるので、完璧に行う必要はありません。少しずつ取り入れていくうちに、走りやすいきれいな体になっていきます。走り出している人もこれから走る人も、ぜひトライして下さい。

One two...

PART 2
ランニングエクササイズ

きれいな走りとボディラインが手に入る①
基本の姿勢エクササイズ

きれいな走りとボディラインが手に入る②
基本の立ち方・座り方

きれいな走りとボディラインが手に入る③
基本の歩き方

きれいな走りとボディラインが手に入る④
基本のウォーキングエクササイズ

走れる美脚をつくるランニングエクササイズ①

ヒップアップもできるランニングエクササイズ②

肩こり・腰痛すっきり解消ランニングエクササイズ③

〈コラム〉
都市伝説「ご飯を食べると太る」vs「走ると足が太くなる」
数字にまどわされるな！　体重は1日2kgも変化する
疲れのモト？「乳酸」の正体

S字ライン

有酸素運動＝脂肪燃焼というイメージが強いランニング。でも、ランニングするだけでは単に体が細くなるだけです。きれいなボディラインをめざすなら、おしりがゆるんでいたり、二の腕（上腕三頭筋）がいわゆる"振袖"ではいけません。きれいな体づくりのためには、適度な筋肉をつけることも必要なのです。この章で紹介するエクササイズは、ランニングに必要な筋肉を使って行います。ですから、美しいだけでなく、走ることにも適したボディラインをつくることができるのです。

では、きれいなボディラインはどんなものでしょうか？ランニングモデルを例に取ると、きゅっと上がったヒップや長い足、という細くなったイメージがあると思います。彼女たちは日々トレーニングをして、そうしたボディラインを保っていますが、実は走りに適した体づくりの基礎は、モデルの姿勢トレーニングと同じでもあるのです。モデルのきれいな立ち振る舞いをエクササイズによって手に入れることができれば、ボディラインがきれいになるだけでなく、あなたの走りが変わります。

姿勢を正す＝背筋をのばす、という指導をされた経験はありませんか。実は、背筋をのばすだけでは正しい姿勢とはいえません。背骨は首、胸、腰の3つのブロックに分かれ、それぞれ首は前にカーブ（前湾）、胸は後ろにカーブ（後湾）、腰は前にカーブ（前湾）していて、全体的に見るとS字のように曲がっています。背骨は歩く時の衝撃を受けるため、クッションの役目をするようにS字構造になっているのです。もし、背骨が真っ直ぐだと、脳にまで歩く衝撃が加わってしまいます。

一方で、S字を意識するあまり、腰がそりすぎてしまうこともあります。そこでポイントになるのが腹筋です。しっかりした腹筋があれば、腰の余計なそりを防ぐことができ、足を長く見せることもできるのです。

腰がそりすぎていないきれいなS字の姿勢は、ランニングにも当然大きな影響を与えます。ランニングはジャンプ運動です。背中が丸まっているより背筋をのばしたほうが高くジャンプできますから、きれいな姿勢は、ランニングにとって最も必要な条件なのです。

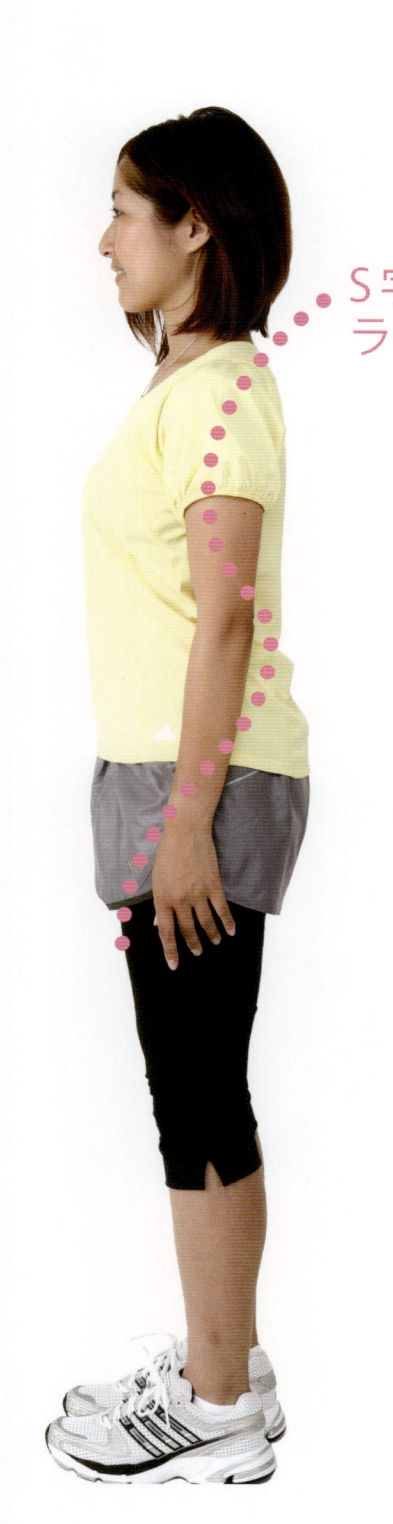

20

こんな姿勢、とっていませんか？

O脚
足をそろえるとひざの間にすき間ができるタイプ

X脚
足をそろえるとひざの内側同士はつくが、両足の間にすき間ができるタイプ。

猫背
背中が丸くなり、姿勢が安定しないタイプ。

きれいな走りとボディラインが手に入る①
基本の姿勢エクササイズ

胸張り

バストアップ効果もアリ

体幹部（胴体）を軸に走ることができるようにするエクササイズです。胸を軸に、自然と足から走ることができるようになります。

● 息を吸う時 親指を外に返して胸を張る。

point

● 息を吐く時 手の甲をつけて猫背になる。

point

1 手を後ろで組み、あごを少し上げる

2 そのままの状態でつま先を上げる

深呼吸

背中のぜい肉が消える？

深呼吸の動きを利用して肩甲骨を動かすエクササイズです。胸を張る（息を吸う）ことで肩甲骨同士がくっつき、猫背になる（息を吐く）ことで肩甲骨が開きます。つまり、胸を閉じたり開いたりすることで単独で動かすのが難しい肩甲骨を楽に動かせるようになるため、柔軟性が高まり、体幹部の安定がもたらされるというわけです。

22

姿勢美人はランナー美人

背のび

重心を高くするために行うエクササイズです。姿勢がよくなり、体全体で走ることができるため、足に必要以上の力を使わずにすむようになります。いつもの背のびを、少し意識して行うだけでOKです。

1 のばした手を見る

2 下っ腹を凹ます
凹ませる！

3 おしりを持ち上げる
UP！

4 かかとを上げる
UP！

これぞきれいなボディラインの基本形
背のびのお手本

- 目線は上に
- おなかを凹ませる
- おしりを持ち上げる
- かかとを上げる

きれいに"のび"たら
そのまま10秒
キープしましょう！

都市伝説
「ご飯を食べると太る」vs「走ると足が太くなる」

　女性なら一度は耳にするこの話、本当のところはどうなのでしょうか？　まずは「ご飯を食べると太る」という話から。確かにご飯の量を減らすと、同時に摂取する水分量も減り体重は減少しますが（77ページ参照）、適量を超えない限り食べて太ることはありません。というより、ご飯を食べると太るということ自体が実は難しいのです。ご飯は茶碗1膳（120〜150g）で175〜220キロカロリー程度とされ、3食ご飯を食べても約600キロカロリーの計算です。成人の平均基礎代謝量は1200キロカロリー／日と言われ、ご飯600キロカロリーはその約半分。毎食ご飯一膳を食べたからといってもこの基礎代謝で消えてしまいますから、太ろうとしても無理なわけです。これで「ご飯を食べると太る」という誤解が解けたと思います。

　ただ、ご飯と同じ炭水化物全体で見ると話は少し違ってきます。たとえば食パン1枚（60g）は160キロカロリー。菓子パンだと300〜500キロカロリーと、とても高カロリー。なぜ同じ炭水化物でこんなに差が出るのでしょうか？　食パンは小麦と卵、菓子パンは油も使用します。油は1g約9キロカロリー、炭水化物やたんぱく質は約4キロカロリーですから、倍違います。ご飯1膳の代わりに菓子パン1個で済ませたからいいと思っていると、実は2倍のカロリーを摂取してしまっていることになりますから注意が必要です。ただし、人は1日最低700キロカロリー近くの糖分を必要としているため、炭水化物を極端に減らすと身体に変調をきたしますからこれも要注意です。

　次に「走ると足が太くなる」。これもよく聞きますね。ほとんどの人が、足は鍛えると太くなるというイメージを持っていると思います。しかし、ランニングは脂肪をエネルギー変換して行う有酸素運動ですから、足の周りの脂肪も当然使われ、太くなるどころか逆に細くなるはずです。ところが人間は見たままを重視する傾向があるため、脂肪が減少して筋肉がついた分、太くなったような気がするのです。

　また、学生時代に走って足が太くなった、という経験談を多く聞きます。これは成長による身長と体重の増加に比例した結果、サイズが変化したことに過ぎません。こうした勘違いによる悪いイメージをみなさんがいまだに引きずっているため「走ると足が太くなる」という話が消えないのでしょう。

　ランニングで足が太くなることはありません。足を太くするためには、相当な筋力トレーニングを計画的に行わなければならず、ランニングだけで太くすること自体が不可能なのです。

　さあ、安心してランニングしましょう。

きれいな走りとボディラインが手に入る②
基本の立ち方・座り方

基本の姿勢ができたら次は立ち方と座り方です。きれいな姿勢のまま体を動かしましょう。まずは、座っている姿勢からそのまま立ち上がります。通常、立つためには頭を前に倒し、イスのひじあてや机、ひざなどに手をあてて体を保持して立ち上がりますが、これではきれいなボディラインに必要な筋肉であるおしり（殿筋）や腹筋が弱くなるばかりです。すっと立ち上がることは、きれいな姿勢で歩くためのまさに第一歩です。さっそく実践してみましょう。

● 猫背に座る
このタイプの座り方は、腹筋も背筋も弱く、体幹部が安定しない人に多い。腰痛の要因にもなる。

● 背もたれに寄りかかる
このタイプの座り方をすると股関節が伸びてしまい、腸腰筋（足を引き上げる筋肉）の力が低下する。走る時に足が上がりにくくなる。

こんな座り方・立ち方は **NG!**

● ひじや机を支えに立つ
体全体の筋力が低下しているか、疲れにより体を支えられない状態。

● おしりを使って立つ
頭が前に倒れすぎて猫背になる。

きれいな座り方 まとめ

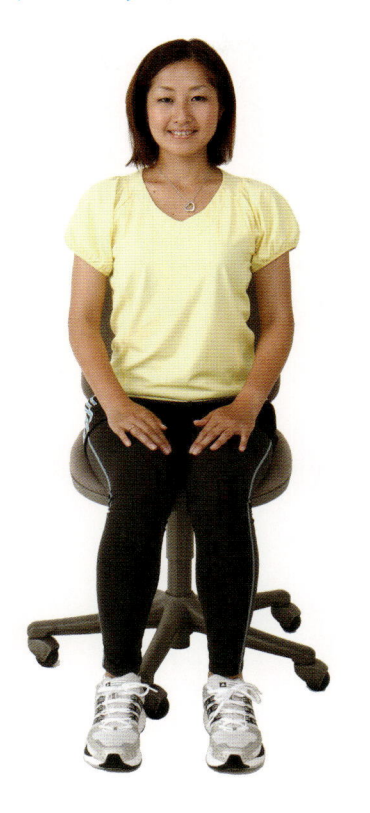

股関節とひざは90度に。

正面を向く。背筋をのばす。
下腹を凹ます。

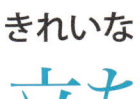

きれいな立ち方 まとめ

ひざをつま先より前に出さない。
頭はつま先ぐらいまで倒して立つ。

顔を前へ向け、胸を張り、
ひざをつけるように立つ。

きれいな走りとボディラインが手に入る③
基本の歩き方

きれいな姿勢・座り方・立ち方をマスターしたら、歩いてみましょう。体全体を軸にして前へ移動するのがポイントです。目線を前にするのを忘れずに。姿勢がよく体重移動がスムーズな歩き方は、そのまま理想の走り方にも当てはまります。さらに、おしりが上がり、足が長く見える効果まで得られます。

こんな歩き方していませんか？

「がに股」「はね足」「かかと着地」

スポーツシューズやサンダルなどかかとが低い靴を好んではく人に多いのがこのタイプ。下っ腹が出やすく、猫背になりやすいですから要注意。

●はね足タイプ
ひざの内側にストレスをためやすい。ガ足炎などの故障が見られる。

「外にはねている」

●がに股タイプ
ひざの外側にストレスをためやすい。腸脛靭帯炎（通称ランナーひざ）や、脛への故障が多く見られる。

「あいている」

ウォーキングの勘違い

かかとからの着地は、体が後ろに残るため足の負担が増えてしまい、効率が悪くなります。足全体で着地するように。

足が長く見える
歩き方のお手本

● 体全体を軸に

● きれいな姿勢を保って前へ進む。前を見る

きれいな走りとボディラインが手に入る④
基本のウォーキングエクササイズ

きれいな歩き方をエクササイズでさらにブラッシュアップしていきましょう。理想のランニングフォームにますます近づいていくばかりでなく、体の柔軟性や協調性を高めることで、肩こり・腰痛などの悩みまで解消できます。もちろん、適度に筋肉のついたバランスのいいボディラインもつくれます。

モデルウォーク

手足がきれいに見える

スムーズな体重移動を体に覚えてもらうエクササイズです。ランウェイを歩くモデルをイメージしてください。①～④を繰り返して歩いてみましょう。

4 左骨盤を少し前にひねる

3 左足に体重を乗せながら右足のかかとを上げる

2 左足を前に出す

1 左右の手を骨盤にあてる

くいっとひねる！

クロスウォーク

ひきしまった太ももになる

股関節の柔軟性を向上させるエクササイズです。直線をイメージし、その線を左右の足で交互にまたぎながら歩きます。

マリオネット〈操り人形〉

たるんだ太もも、二の腕に喝!

手と足の協調性を高め、腸腰筋で足を引き上げられる効果を生むエクササイズです。操り人形は、手足が糸でひっぱられることで動きますが、人形と同じように、右手と左つま先が1本の糸でつながっているイメージしてください。手を上げると、つながっている左つま先も同時にひっぱり上げられるような感じで歩いてみましょう。つま先ごとあがるような感覚でようす。猫背にならないように注意してください。

体全体でさっそうと歩けるようになる
ロープ引きウォーク

体幹部（胴体）を中心にウォーキングできるくせをつけるエクササイズ。前方に向かって1本のロープがのびているイメージをつくり、そのロープをたぐり寄せるようにして歩きます。足だけで走ろうとするのを防ぎます。みぞおちから

ヒップアップ効果あり！
つま先ウォーク

重心を高く維持するくせをつけるエクササイズです。着地するときはかかとをつけ、前に進むにしながら行ってもOKです。きます。手でおしりを持ち上げ、ふくらはぎに力が入らないよう際には意識してつま先立ちで歩

力を
ぬいて

UP！
UP！

かかとを
つけて

32

きれいな走りとボディラインの完成形！
走り方のお手本

これまできれいな姿勢・座り方・立ち方・歩き方について、エクササイズを交えて説明してきました。"走らない"ウォーキングエクササイズを繰り返すことで、理想的なフォームの"くせ"を体に覚えこませることができているはずです。さあ走り出しましょう。

×3

背のびを
3回してから
走ろう！

360°どこから見られてもOK！
「座る・立つ・歩く・走る」のおさらい

立つ
おしりを持ち上げる
ように立つ

座る
胸を張り下腹に
少し力を入れる

走る
手はリラックス、
目線は前に

歩く
胸を張り、
目線は前に

数字にまどわされるな！
体重は1日2kgも変化する

「1週間に何kg体重は減るの？」「1日の間で体重・体脂肪率が変わったりする？」
　こんな疑問を持ったことはありませんか？　お正月休みの間にいきなり何kgも体重が増えたり、体脂肪率を毎日計ってみたら、数字が大きく変動した経験のある人も多いのでは。

　個人差もありますが、体重が1週間に2kgほど増減することは珍しくありません。1日単位で見ると、人は2リットル前後を食べ物や飲み物で吸収し、尿や便で排泄します。これだけでも2kg近くの変動になりますよね。体脂肪率は推定値ですから（9ページ参照）、筋骨格率や体内の水分バランスにより変動します。朝と夜で体脂肪率がかなり違ってくるのはこのためです。また、運動後に体重を量ると減っているのは、水分補給で飲んだ量よりも汗の量が多いためです。
　また、人はエネルギー源となる糖を体にたくわえる必要がありますが、糖は水分を含んでいると体に吸収されやすい性質を持っています。小学校の理科の実験を思い出してみましょう。ビーカーに水と砂糖を入れると、かなりの砂糖が水に溶けたけれど、反対に塩はなかなか溶けなかったのを覚えていませんか？　そうした性質を持つ糖を、私たちは炭水化物からとっています。炭水化物であるご飯やパスタといった主食は、炊いたり茹でたりする過程で水を含みますから、素材の甘みが出ることで食べやすくなるのと同時に、糖の吸収を助ける働きもしているのです。お茶漬けやラーメンのように、より水分を含んだものが食べやすいのもこの原理です。私たちは食事をしながら、単に食品だけではなく、水分も摂取していることになるのです。

　結局体重の増減は、1日単位であれば飲食量と排泄・発汗などの排出量のバランス差であり、1週間単位であれば食事による水分の吸収量が大きく影響をおよぼしているというわけです。「今日は〇グラム太った…」などと、その日ごとの数値に踊らされないようにしてください。体重も体脂肪率も毎日計測し、1週間の平均値を目安にすることが一番正しい数値になるということをお忘れなく。

走れる美脚をつくる

ランニングエクササイズ①

走り始めた人にも、これから走ろうとする人にもおすすめのエクササイズをご紹介します。走るのに適した足は、適度な筋肉がついて、美しいラインを描きます。そんなランナー美脚をつくる、自宅でもできるエクササイズです。

壁や手すりにつかまり、姿勢が崩れないように足を外に開く。つま先は前方に向ける。左右10回ずつ行う。

つま先は前へ向ける

太ももラインが変わる！
レッグアブダクション

足の外側を鍛えるエクササイズです。X脚の人は外側の筋肉が不安定ですが、その補強につながります。

内もものぷよぷよが消える
レッグアダクション

足の内側を鍛えるエクササイズです。O脚の人は特に内ももが弱いので、その補強につながります。

足元は動かさない！

両足をぴったりとそろえ、ひざもくっつける。足元はそのままでひざだけゆっくり閉じたり開いたりを繰り返す。10回行う。

これで長い距離も走れます

レッグカール

ハムストリングス（太もも裏の筋肉）を鍛えるエクササイズです。長い距離を走るために必要な筋肉が鍛えられます。

ひざが出ないように

ひざが軸足から出ないようにして曲げる。股関節をのばす感じで。つま先を地面に向けて足首を後ろへそらさないようにする。左右10回ずつ行う。

おばさん走り防止！

ニーアップ

腸腰筋（足を引き上げる筋肉）のエクササイズです。走る時に足が引き上げやすくなります。

手は肩に乗せ、ひじを上げ、この姿勢を崩さないようにキープ。そのままの姿勢でひざを真上に上げて下ろす。ゆっくり行うのがポイント。左右10回。

NG ひざが外に開く

ひじを動かさず、姿勢は変えない

つま先を少し上に向ける

37　part2　ランニングエクササイズ

ヒップアップもできる
ランニングエクササイズ②

年齢とともにたるみがちなおしりですが、エクササイズをすることできゅっとしたヒップをつくることができます。当然、おしりから足へと効率よく筋肉が使えるようになるため、ランナーにとってもとても大切なエクササイズです。

体重は足にかかる

階段などの段差の角に土ふまずを当てる。体重を足にかけてそのまま一段上がる。手でおしりを押しながら行うと楽。

土ふまずをあてる

階段ヒップアップウォーク
なめらかなヒップラインになれる

足だけでなく、おしりから足へと筋肉を効率よく使うためのエクササイズ。おしりの力を使うため、ヒップアップ効果が望めます。

おしりにあてよう

ヒップキック
さらにヒップをひきしめよう

ハムストリングス（太もも裏の筋肉）を鍛えるエクササイズ。きゅっとしまったヒップラインをつくることができます。

かかとがおしりに当たるように足を跳ね上げる。左右5回行った後、そのままランニング。

疲れのモト？「乳酸」の正体

「疲れてるのは乳酸がたまってるからなんだよね」という人、身近によくいませんか？

多くの人には「乳酸＝疲労物質」というイメージがあると思いますが、実はこの乳酸、そんなに悪者ではないのです。乳酸は体を動かすための筋肉（横紋筋）だけでなく、内臓の筋肉（平滑筋）や赤血球など、運動に直接関係ない部位でも常に産生され、1日100g以上が体の中に常に存在しています。乳酸はエネルギー源である糖が分解される過程で生じるもので、脂肪が分解される過程ではできません。

体を動かし始めた時やラストスパートをかけた時など、急に運動強度が上がる際、人間は使いやすい糖を分解しエネルギー＝ATP（アデノシン三リン酸）に変化させます。まず最初に糖（グルコース）が解糖系（エネルギーを使いやすい形にするための代謝過程）という通路に入ります。この時、約半分の糖がピルビン酸に変化します。このピルビン酸が、ミトコンドリアにあるクエン酸回路でATPに変換されるのですが、ほとんどのピルビン酸はクエン酸回路にたどり着けずに体に残ってしまいます。そこでピルビン酸は再利用できるような形に変化します。これが「乳酸」です。

つまり乳酸は運動時の老廃物ではなく、使いきれなかったエネルギー源なのです。

運動初期に体が重いというランナーがよくいますが、そういった人は口々に「10分くらい走ると楽になるんだよね」と言います。これは、運動強度が高い場合に使われる速筋繊維（速く走る際に使われる筋肉）にはミトコンドリアが少なく、遅筋繊維（マラソンなど長時間運動に使われる筋肉）にはミトコンドリアが多く存在するため、先ほどの乳酸が再利用されやすく、さらに脂肪をエネルギー源として利用することもできるからなのです。

運動強度が高い場合は乳酸も多く産生されますが、利用量も少ないので長時間運動ができません。しかし運動強度を落としてジョギングやウォーキングをすると、乳酸はすぐに再利用できるので体にたまり続けることはありません。ウォーキングなどをして乳酸を上手に利用してあげると、仕事や運動の疲れもかえってとれるのです（79ページ参照）。

では疲れの原因は何なのでしょうか？　それは、運動直後の乳酸に限らず、体温の上昇、脳の疲れ（糖分不足）、脱水、筋グリコーゲン濃度の低下、リン酸の蓄積、筋内のカリウムの漏出など様々な要因であり、決して乳酸だけのせいではありません。

ランニングを乳酸を再利用する程度の運動強度（最大心拍数70％以下）で実施してみてください。疲れがとれて、健康にもダイエットにもよい効果をあらわすはずです。

肩こり・腰痛すっきり解消

ランニングエクササイズ③

肩こりのつらい人

腕の回転が姿勢を変える

「姿勢をよく」と言われても、人間疲れてくると猫背になりがちです。一方で「肩の力を抜け」と言われても、中々うまく抜けない……そんな経験ありませんか？

下の写真は、猫背と正しい姿勢をモデルにとってもらっています。2つの姿勢の違いは、腕の位置だけなのです。

猫背の腕は内側に回転し（親指が身体に近づいている、肩も前に出ていることがわかると思います。正しい姿勢の腕は外側に回転しています（親指が身体の外側に向いている）。なぜ、腕を回転させただけで姿勢にこんな違いが出てくるのでしょうか？

腕は肩＝肩甲骨につながっているので、腕の回転とともに肩甲骨の位置も変わるため、姿勢に影響するのです。腕が内側に回転すると肩甲骨は開き、猫背になりやすく、逆に腕は外側に回転すると左右の肩甲骨が内側（背骨）に寄って、正しい姿勢をつくりやすくなります。

このしくみをランニングの手の振りに応用してみましょう。手をグーの形で強く握ると、親指は身体の中心に近づき、ひじも曲がります。肩も前に出てしまうため、力は入りやすいのですがリラックスしている状態とはいえません。そこで、手をチョキの形（親指は身体の外側にする）にして力が入らないようにし、腕が外側に回転した状態にしてみましょう。余計な力を入れずに、正しい姿勢で走ることができます。さらに、自然に肩甲骨を動かすことができるので、肩甲骨周りのエクササイズをしているのと同じことになり、肩こり解消にもつながるというわけです。

猫背 ×

正しい姿勢 ○

きれいな姿勢キープのために
深呼吸 その②

22ページで紹介した深呼吸ですが、正しい姿勢づくりに役立つ上に、腕の使い方を変えることで肩こり解消にも効果てきめん。こちらのやり方もぜひ試してください。

● 息を吸う時
腕を90°に曲げて手のひらが外側に向くように開いていく。

● 息を吐く時
手の甲を顔の前で合わせるように横から持ってくる。

肩の力を抜いてリラックス
ドリフで腕ふり

「8時だヨ!全員集合」などで有名なドリフターズ。彼らが「イイ湯だな」という曲を歌いながら左右に手を動かしていたのを覚えている方は多いでしょう。このまねをすると、肩甲骨を使って腕を振ることができるのです。ひじを中心に腕を振ることで肩甲骨がコントロールでき、正しい姿勢がキープできます。手に余計な力が入りにくいので肩がリラックスでき、姿勢も安定してきます。実は、アテネオリンピックの金メダリスト野口みずき選手の腕振りも、この形が基本なのです。

腰痛予防に効果大！
股関節回し

股関節の柔軟性の向上をねらったエクササイズ。股関節がかたくなると、足を回す動作に腰のねじれが加わってしまい、腰痛を引き起こしやすくなります。股関節を回して柔軟性を高めて、腰痛予防をしましょう。

1 腕を水平に広げて立つ

2 ひざを中心にして軸足の前へ持っていく

NG 足を後ろに90°曲げるのは× 足が横へ流れるのも×

3 腕と平行になるように足を開く。ひざが90°になるように。左右に10回ずつ、1〜3を繰り返す。

90度

下っ腹凹まし

腰痛防止に役立つ腹筋の力。

姿勢を安定させるエクササイズです。おなかを支えるのは背骨と腹筋しかないため、腹筋が低下すると腰への負担が増大します。腹筋力を上げることで腰への負担が軽減されて腰痛予防になり、きれいな姿勢も保持できます。

1 姿勢を整え片方の手は背中へ回す

2 下腹に残りの手をあて、姿勢を崩さないようにしながら凹ます

3 凹ませたまま5秒キープ。連続5回行うのを1セットとしてトータル3セットやってみよう！

NG 猫背になっておなかを抱えるようにするのは×

疲れた体と心をメンテナンスする方法はいろいろありますが、走ること自体にもリラックス効果があるのをごぞんじですか。

　第3章では、ダイエットや理想のボディラインづくりに効果があるだけではない、ランニングの秘密にせまります。そのほか、ランニング前後はもちろん、走れない日にもトライしてほしいストレッチやマッサージ、アイシングやアロマテラピーも紹介します。

PART 3
走って リラックス

ランニングはストレスを解消する
ストレッチとマッサージでボディメンテナンス
「アイシング」＆「温める」でボディメンテナンス
アロマテラピーでボディメンテナンス
〈コラム〉
むくみ・筋肉痛撃退にストレッチ
すっぱいけれど強力助っ人「クエン酸」やさしい味でしっかりサポート「アミノ酸」

ランニングはストレスを解消する

ランニングはストレスコントロールができるのも特徴です。自分の足でいろいろな場所に移動することで、新たな発見ができるという利点もあります。ここでは、ランニングがどのようなプロセスでストレスを解消していくのか説明していきます。

脳内ホルモンが出る

長時間ランニングを続けていると、突然疲れを感じなくなる「ランナーズハイ」という現象が起こることが知られていますが、これは爽快感を生むホルモンといわれるβ-エンドルフィンの影響といういう説があります。

1人の世界がもてる

ランニング中は誰にも邪魔されず1人です。自分のペースで走るため、リラックスした状態になり、新しいアイデアが生まれやす

いといえます。人生の大事な決断は走っている時に決めたという人や、仕事の新しい企画を思いついたという人は多いのです。

新たな発見

ふだん走る場所以外に、ちょっと寄り道することで違った世界を感じられます。例えば、定番の皇居周回コースから一歩外れると、国会議事堂や最高裁判所など、テレビではおなじみでも実際には行く機会のあまりない建物にめぐり会えます。すてきなカフェやおいしそうな定食屋さんなど、それまで知らなかったお店を発見できるかもしれません。

季節を感じる

春は桜、夏は新緑、秋は紅葉、冬は葉の落ちた枝振りや雪。季節によって姿を変える木々の姿を眺めながら走ることになります。公園には色々な種類の樹木があります。立ち止まって観察することで、新たな気持ちにもなれるのです。

ストレッチとマッサージでボディメンテナンス

体のメンテナンスを図るためにストレッチは欠かせません。ストレッチにはいくつかの方法がありますが、手軽にできる方法としては、スタティックストレッチ（静的ストレッチ）、ダイナミックストレッチ（動的ストレッチ）があり、この2つを実施することで体の不快感を和らげることができます。特にオフィスワークなどで長時間同じ姿勢を続けるために起こる、肩こり・腰痛には関節を動かすのがおすすめです。

マッサージは手で皮膚などをすったり、おしたり、もんだりすることで新陳代謝をあげ、老廃物を取り除けるようにする方法です。リンパの流れを整えるなど、目的により色々な使い分けができます。

● スタティックストレッチ（静的ストレッチ）筋肉をのばす

● ダイナミックストレッチ（動的ストレッチ）関節を動かす

● マッサージ① おす　親指でおす。ゆっくりおすこと。1箇所5秒くらい。

● マッサージ② もむ　軽く握る（指で握らない）。8〜10回くらい。

スタティックの例

ダイナミックの例

むくみ・筋肉痛撃退にストレッチ

　ランニングをしていて手や足のむくみを感じたり、運動後に筋肉痛になったことはありませんか？きちんとした対処をすれば、あのつらい思いをせずにすみます。

　まず、むくみから。人の体の約60％は水分から構成されています。そのうち3分の2は細胞の中に存在し、血液・リンパ液などに存在する水分などが残り3分の1となります。細胞内で出し入れされていた水分は、通常組織液を経て血液へと循環するのですが、立ち仕事やデスクワークのような動きが単一の状態や、飛行機のフライトなどで長時間身体を動かさなかったりするとうまく血液に戻らず、組織液が過剰にたまる状態を引き起こします。これが「むくみ」の正体です。

　対処法としては、ミネラルを含んだ水を飲み、軽めの運動をすることです。ランニングであれば途中でウォーキングに切り替えるなど、違う刺激を入れるだけでむくみは改善します。ストレッチをする場合は、あお向けの状態から心臓より高く足を上げた体勢で行うとよいでしょう。ストレッチをする部位は、おしりやハムストリングス、アキレス腱など。入浴中にもストレッチをしたり、ふくらはぎをさするとよいでしょう。53ページのストレッチを参照してみてください。

　次に筋肉痛です。一般的に筋肉痛は運動した数時間後から数日後に発生する「遅発性筋肉痛」を指します。この要因として、筋肉の伸張性収縮というものが考えられています。例えば登山をして下山する際、足には自分の体重以上の衝撃が加わりますが、この衝撃によって筋肉が炎症を起こし、その回復過程で痛み出すという考え方です。今のところ、この考えは仮説にすぎず、はっきりした研究結果は出ていませんが、ほとんどの筋肉痛の場合、伸張性収縮のように強い刺激（運動経験がない人が急に運動したり、使ったことがない筋肉を使った場合）を受けることで痛みが生じているようです。

　対処法のポイントは、「冷やす＝アイシング」です。運動直後の筋肉は、様々な理由で炎症やはれを起こしています。冷やすことによって血管を収縮させはれを抑え、炎症の拡大を防ぎ、寒冷によるマヒ作用から痛みをやわらげることができます。アイシングの方法としては、家庭にある保冷材をタオルに巻いて疲労したところにあてたり、直接冷水シャワーをかけます。保冷材をあてる時間は約20分ほどにしてください。30分近く行うと冷温やけどを起こしますから要注意。詳しくは54ページで説明しています。

　また、アイシング後すぐにストレッチをすると、遅発性筋肉痛をやわらげたり痛みがおさえられたりします。練習やレース後に近くのコンビニで氷を買って、即席のアイスパックをつくって冷やしてみてください。ストレッチはそれから行いましょう。

　むくみと筋肉痛は、はれるという意味では同じ状態ですが、温めて行う場合と冷やして行う場合、ストレッチをするタイミングが違いますので、注意してください。

肩こり解消

力を
ぬいて

スタティックストレッチ
左手を頭の上にのせ、そのまま首を横に倒し、30秒程度キープします。手には力を入れず、腕の重さを利用して頭をかたむけるのがポイント。

ダイナミックストレッチ
親指を首のすぐ横の肩に置きます。そのままひじを中心にして肩を回します。前後10回ずつ回すのを1セットとし、3セット行いましょう。

マッサージ
鎖骨の下をさすってリンパの流れを整えます。
ツボおしは①合谷、②手三里というツボをおすのがおすすめです。
ゆっくり深く2秒程度おし、戻す時もゆっくりにします。

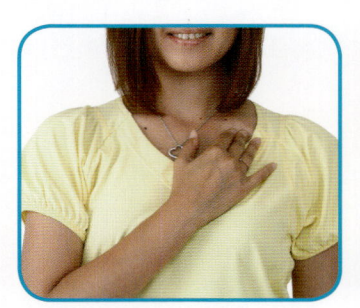

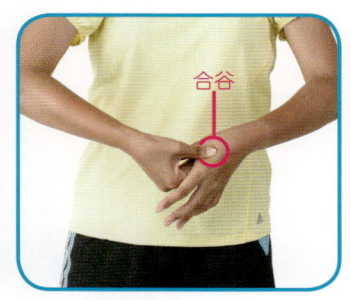

合谷

手三里

50

腰痛解消

ダイナミックストレッチ

寝ている状態で行うので、起床時・就寝時に試してください。股関節を開くストレッチです。ひざを90°に曲げた後、外側に向かって回します。左右10回ずつを1セットとし、3セット行ってください。

スタティックストレッチ

いすに座ってできるので、仕事中にもできるストレッチです。少し浅めにいすに座ります。そのまま体を倒し、足首を持ちます。腰がのびるのがわかりますか？ 猫背になってあごを引くのがポイントです。

マッサージ

ゴルフボールなどをおしりの横に置き、ボールを転がしてツボおしします。環跳（かんちょう）というツボを刺激しましょう。左右10回転を1セットとし、3セットやってみましょう。

こんなアイテムも有効
「HPウエストベルト」

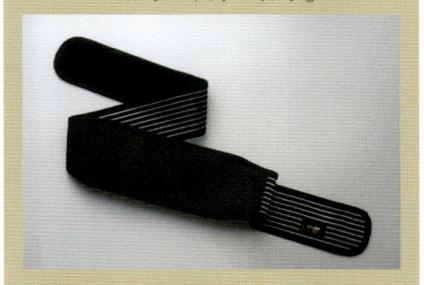

SEVの特許技術が活かされたベルト。ベルトがサポートしてくれるので、筋肉に力を入れることなく正しい姿勢が保てます。
HPウエストブラック　¥31,500（SEV）
☎ 03-5423-7518（SEVショールーム東京）

便秘解消

スタティックストレッチ

ライオンポーズ

うつぶせになってひじをつき、あごを上げます。そのまま30秒ほど姿勢をキープ。おなかの部分をのばします。

ダイナミックストレッチ

腰に手を当てて骨盤を固定し、前後左右に回します。前後10回ずつを1セットとし、3セット行いましょう。

後ろへ　前へ　左へ回す　右へ回す

マッサージ

おへそを中心に時計回りで小さい円と大きい円を交互に描きます。下腹部を温める効果があります。3回転してみましょう。

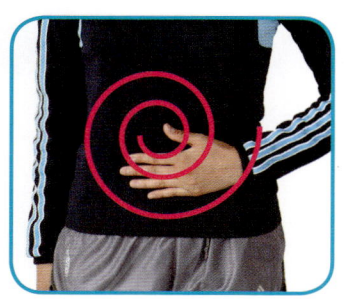

むくみ解消

のばす！

ひねる

グー！

チョキ！

スタティックストレッチ

ひざを曲げ、つま先をつかみ、小指側もしくは親指側をねじります。反対の手はいすをつかんで体がずれないようにします。そのまま手を離さずにひざをのばしていきます。手がのびきったらそのまま30秒程度キープしましょう。

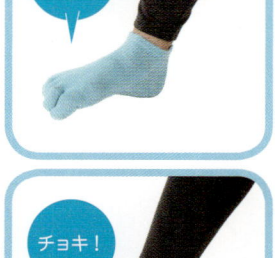

ダイナミックストレッチ

足首や足の指を動かすストレッチです。
①足の指を使ってグーチョキパーを表現しましょう。グーチョキパー1セットを3回ずつ実施してください。
②足首をつかって数字を1〜10まで描いてみましょう。腰に手を当てて片足立ちになります。数字を書いても床に足が着かない程度に上げれば十分です。ポイントは足首だけを動かすこと。足全体が固定され、動くのは足首だけというイメージでやってみてください。

マッサージ

両手でふくらはぎを軽くつかみ、下からさすりあげて刺激しましょう。

こんなアイテムも有効 「SKINS」

体にフィットするタイプのスポーツウエアです。ふくらはぎに適度な圧力がかかり、筋肉のポンプ作用を高めてくれます。長時間座ったり乗り物に乗る人は、ズボンの下にはいてみてください。疲れやむくみが軽減されます。
シーロングタイツ　￥14,700（カスタムプロデュース）☎ 04-7183-2380

「アイシング」＆「温める」でボディメンテナンス

体のメンテナンスで、冷やすことと温めるのはどちらがいいのかよく質問を受けますが、運動直後にはアイシングを、運動後2日〜3日経過したら温めることをおすすめします。

温める方法

一般的にはお風呂が最も有効です。疲労した部位だけを温める手軽な方法としては、濡れタオルをレンジで温めて使うといいでしょう。そのほかには、湯たんぽもタオルに比べ冷めにくいので効果的です。低温やけどに注意して、最低10分に一度は疲労部位から外すといいでしょう。

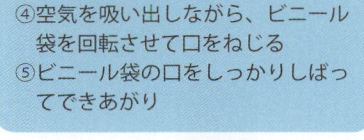

アイシング方法

特に疲労した筋肉や関節に対して行います。氷や保冷材、冷水をかけることで疲労した部位を冷やし、新陳代謝を上げ老廃物を除去します。時間的には20分程度冷やすのが有効です。20分を超えると凍傷のおそれがあるので、時間には注意してください。効果を高めるためには、アイシングする部位を心臓より高くキープしましょう。弾性包帯（バンテージ）で圧迫することで、より早く疲労が取り除かれます。

> **アイシング用**
>
> **アイスパックの作り方**
> ① ビニール袋に、容量の半分〜3分の2程度、氷を入れる
> ② 氷を平らにする（キューブアイスだと並べやすい）
> ③ ビニール袋の口をぎゅっと持ち、中の空気を吸い出す
> ④ 空気を吸い出しながら、ビニール袋を回転させて口をねじる
> ⑤ ビニール袋の口をしっかりしばってできあがり

Voilà !

すっぱいけれど強力助っ人「クエン酸」
やさしい味でしっかりサポート「アミノ酸」

　最近、クエン酸やアミノ酸が入っていることを強調したスポーツドリンクやサプリメントなどをよく見かけます。でも、どうして身体にいいのか考えないまま、なんとなくそうしたものに頼ったりしていませんか？

　クエン酸とアミノ酸には同じ「酸」がついていますが、利用される場所が違います。クエン酸は、クエン酸回路というエネルギーを生み出す回路で使われます。食事でとった炭水化物＝ブドウ糖は、解糖系と呼ばれる代謝過程で分解され、ピルビン酸という物質になります。このピルビン酸がクエン酸回路で化学変化を起こしエネルギー＝ATP（アデノシン三リン酸）になります（39ページ参照）。つまり、クエン酸回路が効率よく動けば、エネルギーも効率よく生み出されることになり、運動も継続しやすくなるわけです。こうした一連のサイクルを左右しているのがクエン酸なのです。様々な疲労によりクエン酸回路の働きが悪くなった時は、外からクエン酸を加えることによって回路の働きは改善します。つまり、クエン酸を含んだスポーツドリンクやサプリメントを摂取することは、ATPの産生をうながし、疲れ知らずの体になれるということなのです。

　一方アミノ酸は、20種類からなり、これらが結合することでタンパク質になります。アミノ酸は体内でつくれるもの（非必須アミノ酸）とつくれないもの（必須アミノ酸）に分かれます。体の中でつくれない必須アミノ酸は食事によって摂取しなければなりません。特に必須アミノ酸は筋肉、皮膚、血液、免疫力などに影響を与えます。必須アミノ酸の中でも分岐鎖アミノ酸といわれるBCAA（バリン、ロイシン、イソロイシン）は筋肉内での筋タンパク質（35％がBCAA）の分解を抑制し、合成を促進する働きがあるので、運動強度が高い時やレース前、レース後の筋肉疲労をサポートしてくれます。言い換えれば、筋肉痛の予防をしてくれるわけで、そのためアスリートに愛用されているのです。

　摂取方法ですが、クエン酸は酸味が強いため、ほとんどのサプリメントが水と混ぜる粉末状タイプになっています。運動時でなく、ふだんから飲んでもかまいません。すっぱさが苦手な人は、商品説明の分量よりも薄めると飲みやすくなります。

　アミノ酸は粉末タイプと錠剤タイプに分かれます。摂取するタイミングとしては運動前、運動後、そして就寝前があげられます。特に激しいトレーニングをした際には、運動中にも摂取することをおすすめします。粉末タイプを飲む際、アミノ酸は体内への吸収率が高いので直接粉末を飲み、その後水を飲むといいでしょう。ただ、アミノ酸は飲みやすいので過剰摂取に注意し、使用内容にあった飲み方をしてください。

　サプリメントは、ランニングなどの有酸素運動をする人が、体に負担を掛けず長時間運動をするのをサポートしてくれるものです。飲んだだけでダイエット効果は得られませんので、ご注意ください。

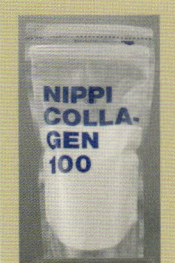

こんなアイテムも有効「コラーゲン」

ビューティーに効く成分でおなじみのコラーゲンですが、関節の動きをなめらかにしてくれる効果もあるんです。ランナーにおすすめなのがこちら。
ニッピコラーゲン100
110g×3袋　¥5,670（ニッピコラーゲン）　0120-30-3232

アロマテラピーでボディメンテナンス

アロマテラピー（芳香治療）とは、木や花などの芳香植物から成分を抽出し、エッセンシャルオイル（精油）に精製、それを健康や美容、心の平静のために用いることを指します。古代から、オイルの香りを楽しんだり、美容のために皮膚にぬったりするなどして私たちの生活に取り入れられてきました。現代の入浴剤、トイレの芳香剤、虫除け剤などもアロマテラピーの一種といえます。どれもふだんの生活にとけ込んでいるものばかりです。

近年は、ストレスコントロールや体の疲労回復を図るためにも、アロマテラピーが用いられています。どのような香りが疲労回復やリラクセーションに合うのか、使うタイミングも合わせて紹介していきます。あまり難しく考えず、自分のランニングスタイルに合わせて試してみましょう。

香りを楽しむ

色々な場面で使用が可能ですが、エッセンシャルオイルによっては妊婦や乳幼児の体に影響の強いものもあるので十分注意してください。

室内での使用

集中したい時、リラックスしたい時におすすめです。お香やアロマキャンドルを焚いたり、芳香拡散器（オイルウォーマー・アロマポットなどと呼ばれているもの）を使ってエッセンシャルオイルを揮発させるのがお手軽です。また、部屋用フレグランスとして、スプレー缶タイプ、ミストタイプなど様々な商品が発売されています。

屋外での使用

時間や場所を選ばないので、香りをより手軽に楽しめます。エッセンシャルオイルを染み込ませたハンカチをバッグに入れた

り、香水として使用します。香水として使用する場合、エッセンシャルオイルは必ずキャリア（ベース）オイルで希釈して使用し、エッセンシャルオイルのまま皮膚につけることは絶対に避けてください。また、ベルガモットやオレンジ、レモンといった柑橘系やセリ科のオイルは、紫外線によって光化学反応を起こし、かゆみやシミ、光接触皮膚炎などになる危険性があります。日光に当たらない部分につけるか、使用を避けてください。

入浴

お湯を38度前後にし、エッセンシャルオイルを5滴ほど入れます。快適な入浴が高い効果をもたらします。ランニングなどの筋疲労に対しては、40度程度まで温度を上げてもかまいませんが、その際は早めに上がりましょう。オイルを10滴以上入れるのは、体への影響が強いので控えましょう。

アロママッサージ

エッセンシャルオイルを直接皮膚にぬることは避け、必ずキャリアオイルで希釈してください。エッセンシャルオイルの割合はキャリアオイルの0.5〜1%までとし、これ以上超えないように。キャリアオイル50mlに対して、エッセンシャルオイル5〜10滴を垂らすくらいが目安です。マッサージ用オイルができたら、本章で紹介したセルフマッサージを行ってみましょう。

オイルの選び方

エッセンシャルオイル・キャリアオイル、どちらのオイルを選ぶ時にも共通で最も大切なのは、オイルが芳香植物から抽出された「天然のもの」であるかどうかです。必ず店舗で確認しましょう。もう1つのポイントは、その香りが自分に合うか合わないかです。

おすすめキャリアオイル

ホホバオイル：人の皮脂にとてもよく似ていて、肌を選ばないので安心です。

ライスブランオイル：皮膚代謝のサポートをします。保湿作用があり、加齢による乾燥肌などにも有効です。

マカデミアオイル：皮膚の角質化をコントロールする働きがあるので、肌をやわらかくします。

場面別おすすめエッセンシャルオイル

大会参加前

レース前は緊張をほぐすタイプを選びましょう。

- ラベンダー
- サンダルウッド

大会前夜（不眠対策）

レース前日などの不安感を落ち着かせるタイプを選びましょう。

- ローズ
- レモンバーム（メリッサ）
- レモン

疲労回復・ストレス解消

体のだるさやストレスを感じた時には、このようなタイプを使用しましょう。

- マンダリン（湿度が高い時）
- ペパーミント（気分を変えたい時）

元気回復

やる気が起きず無気力だったり、走ることも仕事も嫌になったら、気分転換になるタイプを選びましょう。

- ジャスミン
- グレープフルーツ
- ネロリ

オイルは1種類に限らず、いくつかバリエーションをそろえて、その日の気分で変えることをおすすめします。

essential-oil 5-10滴
Carrier-Oil 50ml

監修：日本アロマアーチスト協会認定講師 佐藤文香
参考：(社)日本アロマ環境協会公式サイト

ROSE

LEMON

LAVANDE

MINT

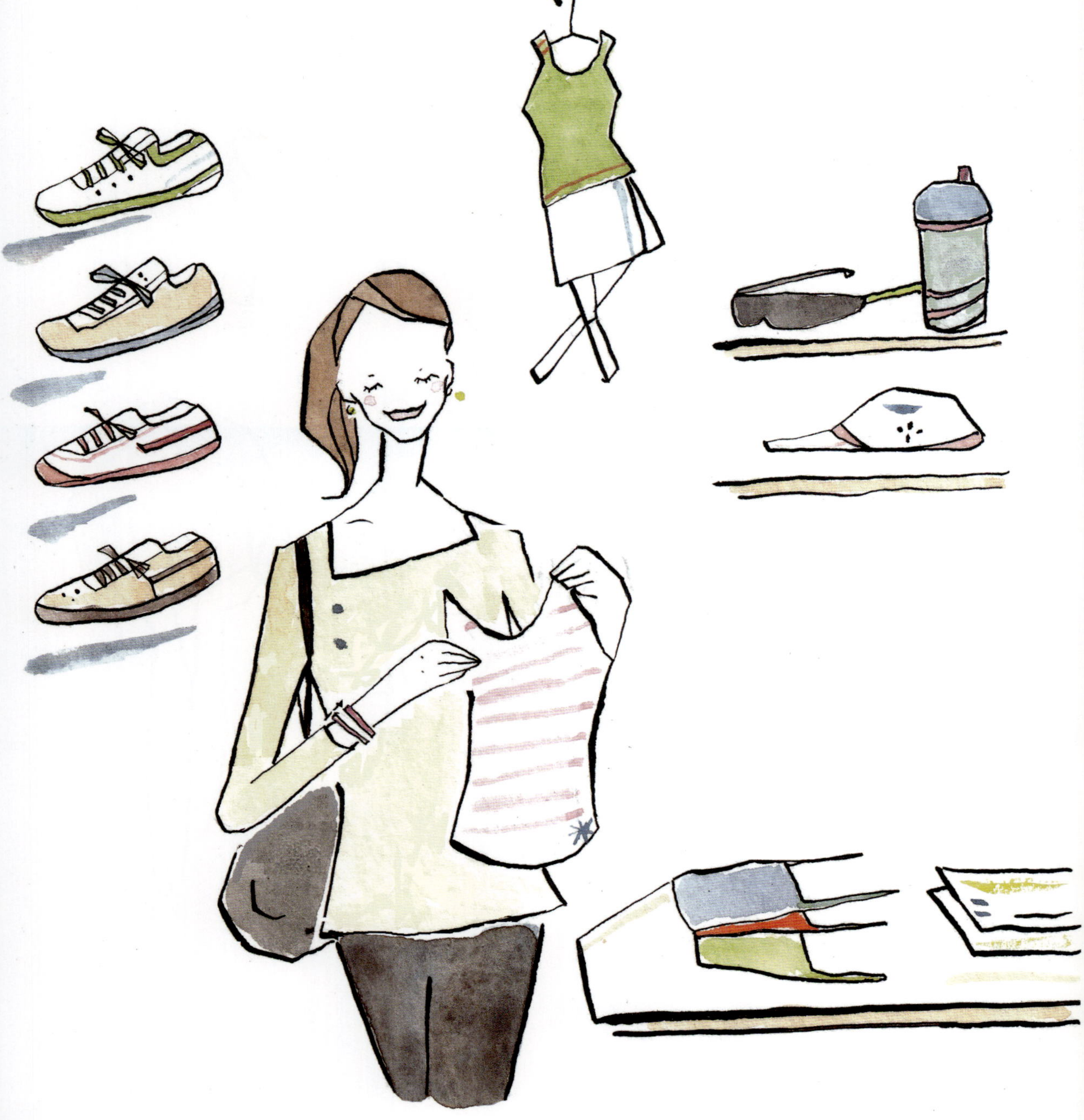

ランニングする時も、スタイルやメイクで妥協したくありませんよね。きれいになれるのがランニングなのに、ランニング中がきれいでなかったら意味がありません。

第4章では機能性もファッション性も兼ね備えたウエアやシューズ、気になるコスメについてしっかりご紹介します。

そして、走り始めた人が目指すゴール「フルマラソン」。どうすれば効率的にフルマラソンを走れるようになるのか、そもそもマラソン大会にはどんなものがあるのか、こちらもご紹介します。

本章の最後には、様々な疑問について、著者の牧野トレーナーがやさしく解説するページがあります。巻末のランニングダイアリーは、書き込み式。体重や走行距離などが記入できます。

この本をフル活用して、それぞれのランニングスタイルをつくっていってください。

PART 4
楽しくきれいに
ランニング

きれいなシューズ＆ウエアの選び方
快適なランニングをサポートするグッズ
ランニングビューティーレッスン
大会に出てみよう！
牧野トレーナーに聞いてみよう！

〈コラム〉
女性ランナーの天敵！貧血防止
汗をかく前にこそ水分補給
運動すると疲れがとれる不思議

きれいなシューズ&ウエアの選び方

シューズやウエアはやる気を左右するものです。各メーカーとも機能や素材に優れたものを開発していますが、シューズであればプロネーション（土ふまずが内側に倒れる）を防ぐもの、ウエアであれば通気性や速乾性をうたったものといったように、機能によって細分化されていて、最初はどれを選んでいいのか迷ってしまうほどです。

こうした数多くあるシューズやウエアから自分にぴったりのものを選ぶポイントは、ずばり「デザイン」です。ランニングシューズ／ウエアと呼ばれているものであれば、どれを選んでもさほど問題ありません。ふだん着のように、ランニング用品もファッション性で選んだほうが楽しくランニングライフを過ごせます。

アディダス adidas

右：アディゼロ テンパヤ ¥11,445
左：アディスーパーノバ コントロール W ¥11,445

ナイキ NIKE

右：ウィメンズ エア スパン+5 ¥8,925
左：ウィメンズ エア ペガサス+25 ¥9,345

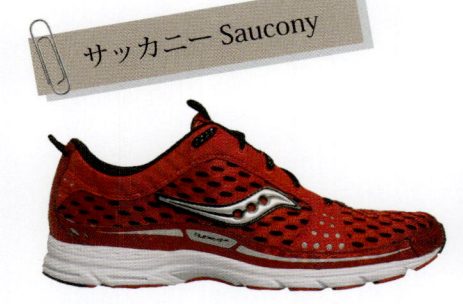

サッカニー Saucony

右：SAW1817 ¥12,075 ／左：SAW1008 ¥11,550

シューズ選びのポイント

足のサイズ（足長、足幅）を測りましょう。足は「エジプト型（親指が長い）」「ギリシャ型（第二指が長い）」「スクエア型（指がみんな同じ長さ）」の3つに大きく分けられます。それぞれの足にあったシューズが必要になりますから、計測してくれる専門ショップでの購入がおすすめです。

これから走りたいという人は、自分の足の特徴や、どう走りたいかをお店の人に伝えましょう。フルマラソンを4時間30分未満で走れる人は、中級者以上向けのシューズを選んでください。

靴下にもこだわろう【五本指ソックス】

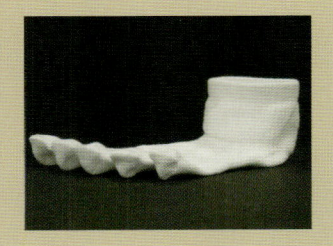

ランナーには五本指ソックスがおすすめです。はくことでさらに安定した走りが得られます。爪を守るためにジェルやマニキュアなどでコーティングしておきましょう。

●おすすめ五本指ソックス［RXL SOCKS］
足を入れなくても自立し、「指先1本1本まで立体的」な五本指ソックス。S・M・Lの3サイズ、白・黒・ピンク・ブルーの4色展開。
TRR-15G　¥1,575（武田レッグウェアー）

ニューバランス
New Balance

右：WR1306J　¥14,490
左：W771　¥9,975

シューズのはき方

1 靴ひもをすべてゆるめてから足を入れる

2 足首を曲げ、かかとでトントンと地面をたたき、かかとをカップにフィットさせる

3 足首を曲げた状態でひもをしめ、ちょう結びを1回。さらに固結びをしてひもがほどけないようにする。

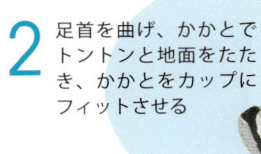

4 完成！

ナイキ
NIKE

① DRI-FIT UV ヘッドホーングラフィックロングスリーブシャツ ¥3,675
② DRI-FIT カラーブロックS ¥3,360
③ MF ジャケット ¥7,980
④ DRI-FIT カプリタイツ ¥4,830
⑤ DRI-FITレースデイショートパンツ ¥3,990
⑥ DRI-FIT ランニングスコート ¥5,145

ニューバランス
New Balance

① L/S シャツ ショート ¥5,145
② ランスカ ショート ¥4,830
③ ランスカ カモフラ ¥6,615

フォーディーエム
4DM

① タンクトップ ¥5,775
② スカート ¥5,775
③ サポートスパッツ ¥7,245

商品問い合わせ先は 67 ページ。商品情報は 2008 年 11 月時点のものです。

きれいめウエアで走ろう！
おすすめウエア

アディダス
adidas

① W アクティブ LS Tシャツ ¥5,145
② W アクティブ レイヤード ショーツ ¥7,665

シーダブリュ エックス
CW-X

CW-X スタビライクス ¥15,750

スキンズ
SKINS

① シーインスピレーション ロングスリーブトップ ¥11,550
② シー カプリタイツ ¥12,600
③ スポーツ パワースリーブ ¥5,250

スポーツブラをしよう！

スポーツをする時、いつものブラをしていませんか？女性の胸はクーパー靭帯というものによって支えられていますが、この靭帯、一度のびると元に戻りません。安心して快適なランニングをするために、スポーツブラはマストです。

CW-X ランニングブラ ¥5,145（ワコール）

快適なランニングをサポートするグッズ

サングラス

まぶしい日差しの中を走る時、思わず目を細めていませんか？視界が狭くなって危ないですし、見た目にもあまり美しくないもの。さらに、「今、紫外線を浴びている！」という情報が目から脳へと送られ、メラニン細胞の活発化をうながし、日焼けを進めてしまうと言われています。日焼けを目でもブロックするため、サングラスをかけましょう。

もちろん、まぶしさを軽減することは快適なランニングにもつながります。

心拍計

心拍数と快適な運動のレベルは、11ページでお話ししています。走っている最中に自分で脈を取るのは至難の業。そこでおすすめしたいのが心拍計。高機能モデルな

①激しい動きでもレンズに負荷をかけない構造で、テンプルの圧迫感を極限までなくすことに成功。ブルーのカラーがスタイリッシュなランナーを演出。SWANS SA-403 ¥14,700（山本光学）
②シンプルながらも超軽量且つ機能満載で、健康維持や体力強化をしたいランナーから、アスリートまで幅広く対応できるおすすめの国産モデル。SWANS SA-509 ¥10,500（山本光学）
③ランニング用サングラスは顔とのバランスが合わず、カッコ良くかけられない。そんな女性の不満を解消した、最高のフィット感を得られるモデル。全5色。STYLUS　SEE SAFE XS RH618 ¥24,990（zerorh+／ゼロインダストリー）
④目のエアーバッグと言われる独自のNXTソフトレンズ使用。紫外線の量によって調光するため夜間でも走行OK。超軽量で快適なランニングができる。STYLUS　SEE SAFE RH617　¥26,040（zerorh+／ゼロインダストリー）
⑤心拍数計測の他、シューズにフットポッドを装着すれば、ランニング中のスピード（時速／ペース）も計測可能。胸に装着するトランスミッターは、柔らかな布地で快適な装着感。全2色。RS200sd ¥35,700（ポラール）
⑥心拍数計測の他に運動消費カロリーも計測できるので、フィットネスに最適。色はブラックサンダー、レッドベリーの2色。POLARF4 ¥14,700（ポラール）

デジタルギア

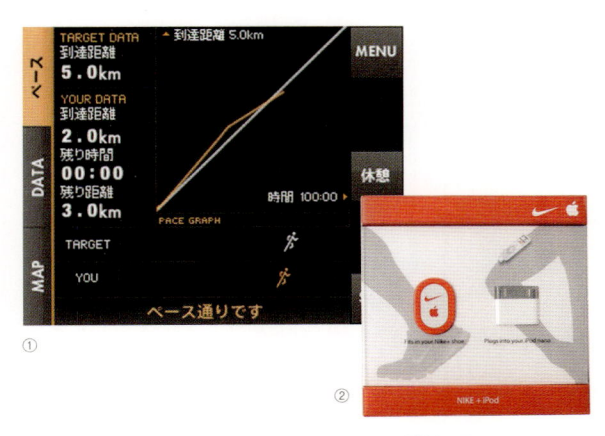

携帯電話や音楽プレーヤーが、ランニングコーチにもなってくれるのはご存じですか？ データ計測はもちろん、管理もきちんとしてくれます。音楽を聞きながら楽しく走ってみませんか。

……ら、ラップタイムはもちろん、体脂肪まで計測してくれます。

ケータイ／Nike+iPod でランニング管理

① au の携帯電話用アプリ「au smart sports Run & Walk」は、GPS 機能を使って、走行距離やタイムの管理ができるサービス。本書の著者・牧野トレーナーも、パーソナルトレーナーをつとめている。② Nike+iPod スポーツキットは、センサーをシューズにセットし、レシーバーで iPod nano と連動させれば、音声と画面で距離や消費カロリーなどのデータをリアルタイムで確認できる。Nike+iPod スポーツキット　¥3,400（NIKE）

アシックスランニングラボ

東京・銀座に、アシックスの秘密基地があるのはご存じですか？ ランニング用品専門店のアシックスストア東京内にあり、ここでは国内でも珍しい、前後・横・上からの撮影可能なトレッドミルを完備。ネットから申し込めばこうした機器を使ったランニングフォーム測定が受けられます。全身持久力測定などもあり、データに基づいたトレーニングやおすすめ商品までも教えてくれます。「5〜10km 程度のレースを経験し、その次を目指す人に測定してもらうのが一番おすすめ」（ランニングラボ・草山さん）とのこと。走りに自信がつき始めたら、銀ブラついでにのぞいてみてはいかがでしょう。

アシックスランニングラボ
東京都中央区銀座 8-3-4
DK ビル（アシックスストア東京）
■お問い合わせ先
アシックスお客様相談室
078-303-2233
ラボ利用価格：21,000 円
予約は専用ウエブサイトから
http://www.asics.co.jp/lab/

＜商品お問い合わせ先＞
● adidas／アディダス ジャパン ☎03-5956-8814　● au／au お客様センター ☎0077-7-111（無料）　● サッカニー／アキレス ☎03-3225-2998　● CW-X／ワコールお客様センター ☎0120-307-056　● SKINS／カスタムプロデュース ☎04-7183-2380　● SWANS／山本光学 ☎03-3834-1878　● Zerorh+／ゼロインダストリー ☎03-3515-3044　● 武田レッグウェアー ☎0120-631-638　● NIKE／ナイキジャパン ☎0120-500-719　● New balance（シューズ）／ニューバランスジャパン ☎03-3546-0997　● New balance（ウエア）／エヌ・エフ・シー ☎03-5155-6621　● 4DM／ゼノア ☎0120-807-064　● ポラール／キヤノントレーディング ☎0570-01-0111

ランニングビューティーレッスン

風に吹かれながら外をランニングするのは気持ちのいいものです。ただ、気になるのが紫外線。日焼けが怖くて外を走るのはちょっと……とためらう人もいるでしょう。汗でメイクがくずれるのも気になるところ。せっかくきれいな姿勢でランニングできるようになり、モード感あふれるウエアをそろえても、戸外を自由に走れないのはもったいなさすぎます。そこで、ここではランニング用ヘアメイクについてアドバイスします。

ベースメイク

日焼け止めに色がついているものであれば、上から軽くパウダーをはたくだけで十分です。ファンデーションをつけたい時は、いつもより軽くつけてください。

スキンケア

化粧水でたっぷり潤いを与え、乳液などの皮膚保護クリームを使用してスキンケアをしっかりします。最近の日焼け止めは化粧下地代わりにもなり美白効果もうたっているものが多いのが特徴。必ず日焼け止めをぬってください。

①ランナーの肌はこれ一本
ノンケミカル処方でそのまま寝てもOKなほどやさしく紫外線をカット。毛穴を消し去るカバー力でファンデーションいらず。ラフラ UV スキンサプライザー SPF30 PA++ 25ml ¥2,625（レノア・ジャパン）
②つや肌が一日中持続
ピタっと密着して化粧くずれを起こさず、UVカット効果も高い優秀メイクアップベース。プロテクティブ ファンデーション プライマー UV SPF40 PA++ 30g ¥3,675（ポール＆ジョー ボーテ）
③BBクリームは次のステージへ
シアトリカルパウダーで名高いプロ用メイクブランドのBBクリーム。美容液・化粧下地・UVカット・ファンデ機能を合わせた4way仕様がうれしい。パルガントン ワンタッチBBクリーム SPF15 25g ¥1,890（ドドジャパン）
④保湿をうたった化粧水
ヒアルロン酸化粧品といえばこれ！という人も多いのでは。とろみのあるテクスチャーで吸い付くようなしっとり肌に整えてくれる。アクアモイスト保湿用化粧水 150ml ¥1,260（ジュジュ化粧品）
⑤うるおいをとじこめ続ける化粧水
美容液のようなとろみのあるジェリーウォータータイプの化粧水。古い角質の拭き取り用化粧水としても使える。イリューム モイスト キャプチャー エッセンス ウォーター 150ml ¥2,625（マックスファクター）
⑥ラン後のスキンケアにぴったり
肌の敏感な人も安心して使える薬用ゲルクリーム。化粧液・乳液・美容液・美白液・化粧下地がこのゲル1つでまかなえる。薬用アクアコラーゲンゲル スーパーモイスチャー 50g ¥3,990（ドクターシーラボ）

日焼け止め
（UVケア化粧品）

UVは「Ultra Violet Rays（紫外線）」の頭文字を略しています。UVにはA波とB波があり、A波は窓などを通して家の中にまで入りこむもので、「生活紫外線」とも言われています。A波によって、肌や髪は知らずダメージを受けています。B波は、いわゆる日焼けを起こすもの。日焼けはシミやそばかすなど後々にまで影響が及びますから、予防とお手入れを心がけましょう。

日焼け止め商品を選ぶ際の基準が「SPF」と「PFA」です。SPFは、「Sun Protector Factor」の略で、日焼けを起こすB波に対する効果を数値で表しています。以前は100を超える数値のものがありましたが、2000年から表示の上限が「50」になりました。PFAは「Protection Factor of UVA」の略で、A波に対する効果を表し、三段階に分けられ、「PA+」「PA++」「PA+++」のように示されています。

①  ②
③ 
④  ⑤  ⑥ 

ミストスプレーで保湿もおすすめ

① 365日徹底美肌主義
美白ではなく美肌のために日焼け止めをという十和子さんの熱意から生まれた名品。グレープフルーツの香りに癒される。FTC UV パーフェクトクリーム プレミアム50　SPF50 PA+++　55g　¥5,800（フェリーチェ・トワコ・コスメ）

② 環境汚染やストレスからも肌を守る
紫外線以外にもシミやくすみの原因は無数にある現代。ランコムの日焼け止め乳液がそれらをすべてカット。のびがよく白浮きしない。UV エクスペール ニューロシールド50　SPF50 PA+++　30ml　¥5,985（ランコム）

③ 徹底的に肌を守るパワフルベース
4人のドクターが開発した"医白"シリーズの日焼け止め乳液。ピンクパープルのカラーがくすみまで払ってくれる。DW UV シールド　SPF50 PA+++ ＜医薬部外品＞　30ml　¥5,250（パルファム・ジバンシィ）

④ 体にも顔にも使える優等生
パーフェクト UV ブロック配合で最高の紫外線防止効果を発揮。ヒアルロン酸配合で肌への優しさも強化。炎天下のスポーツに強い。アネッサ パーフェクトスムース サンスクリーン A　SPF50+ PA+++　60ml　¥3,150〈編集部調べ〉（資生堂）

⑤ "絶対焼かない"＋美白の強力タッグ
焼かないだけじゃない、美白効果に保湿効果まで備えた日焼け止め。専用クレンジング不要で使い勝手も◎。アリィー コンフォータブル プロテクター EX（ホワイトニング）SPF50+　PA+++　60ml　¥3,150（カネボウ化粧品）

⑥ 日焼け止めが苦手な人へ
肌の芯までうるおいを与えつつ UV カットまでしてくれる乳液。肌への負担感のない快適な使い心地。しっとり／さっぱりの2タイプ。ソフィーナボーテ UV 乳液 SPF50+　PA+++　¥3,675＜編集部調べ＞（花王）

商品お問い合わせ先は72ページ。商品情報は2008年11月時点のものです。

ポイントメイク

スポーツ時のメイクは眉とまつげがポイント。ウォータープルーフタイプのアイブロウペンシルなどで眉を整えたあと、汗で消えないようにアイブロウマスカラやジェルで整えます。アイメイクは、アイラインとマスカラの力を借りましょう。この2つだけでも目力は十分上がります。マスカラもウォータープルーフタイプのものをチョイスしてください。

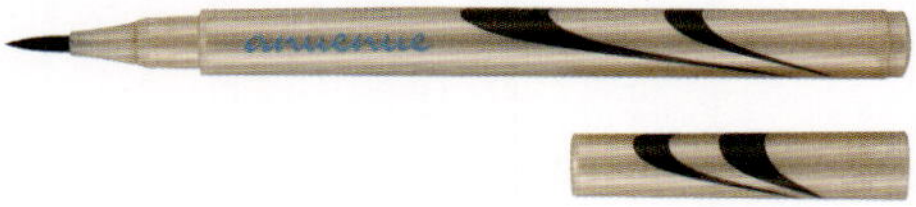

メイク落とし

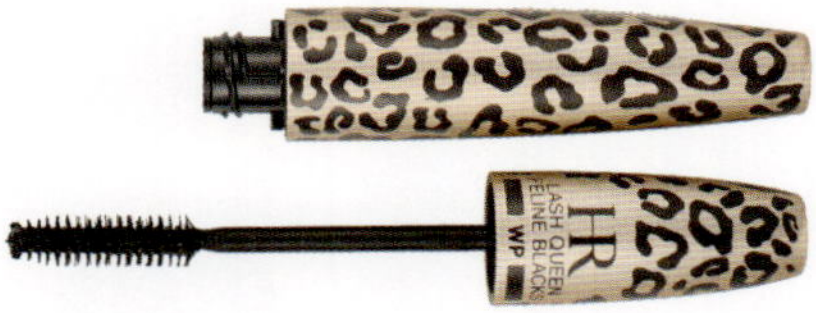

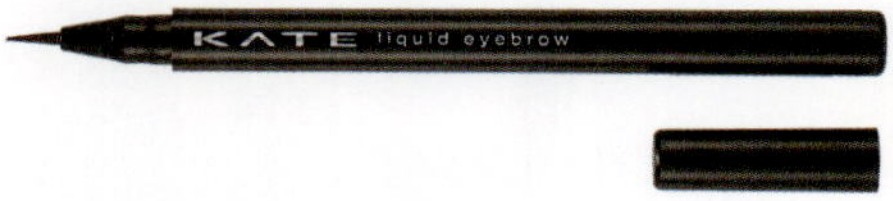

ジムのお風呂や銭湯、ランナー向け施設のシャワーなどで、きちんとメイクを落とせる人は、ふだん使いのメイク落としでOK。お風呂に入れない人は、シートタイプのメイク落としで、汗と一緒にしっかりメイクオフしましょう。

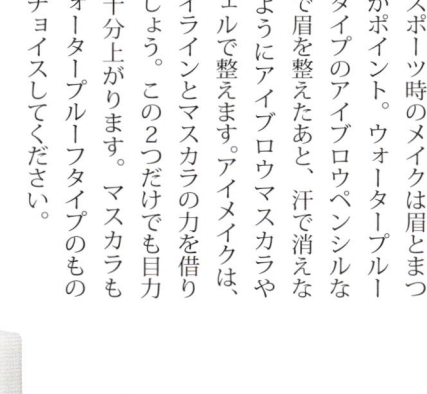

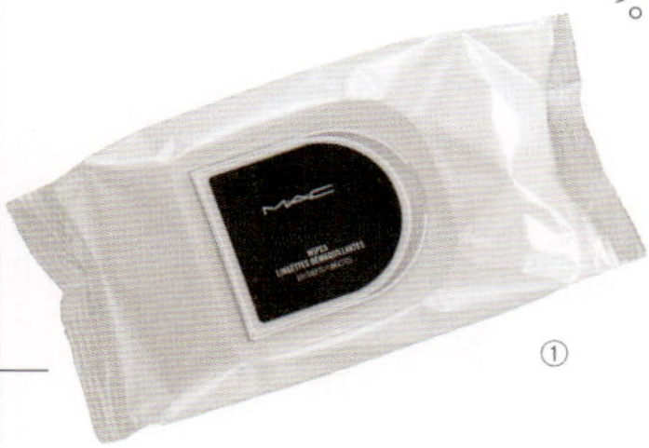

＜アイブロウ・アイライナー・マスカラ＞

①目力はそのままで走りたい女子必携
ぼんやりした瞳じゃトレーニングもレースも気合いが入らない！ 汗・水・皮脂に強くにじまないくり出しタイプのペンシルアイライナーで目力up。 アリィー ウォータープルーフ アイライナーN ¥1,260（カネボウ化粧品）

②サーファー御用達アイライナー
水にも汗にも負けない強力ウォータープルーフのアイライナー。極細の筆ペンタイプで描きやすく、アロエヴェラエキス等配合で目元にやさしい。アヌエヌエ サーフィンアイライナー SL ¥1,260（B＆Cラボラトリーズ）

③ジェルアイライナーといえばこれ
ボビイ ブラウンが世界に先駆けて開発したジェルタイプのリキッドアイライナー。速乾性でにじみやよれに強い。ウォータープルーフ処方でつけたての色が長持ち。全16色。ロングウェア ジェルアイライナー ¥2,940（ボビイ ブラウン）

④汗にも強い黒豹のまなざし
大人気マスカラのウォータープルーフタイプ。より一層濃厚な黒が一、大きな瞳の印象を強くする。ランニング中でも「女」を忘れたくない人へ。ラッシュ クイーン フェリン ブラック WP ¥4,410（ヘレナ ルビンスタイン）

⑤美眉キープで安心ラン
汗をぬぐったら眉もとれた、なんてことにならないようにリキッドアイブロウでしっかり眉を描いておこう。筆ペンタイプで1本1本きれいなラインが描きやすい。全2色。ケイト リキッドアイブロウ ¥1,050（カネボウ化粧品）

⑥眉なしランナーはありえない
朝描いたまゆげを色も形もそのままキープするアイブロウコート。汗・皮脂・水に強く、テカらずマットな仕上がりでまゆげをコーティングしてくれる。キャンメイク アイブロウコート ¥480（井田ラボラトリーズ）

⑦マスカラの"レインコート"
手持ちのマスカラとアイブローをウォーター／オイルプルーフにしてくれるトップコート。メイクした後にさっと一塗りすれば、水にも皮脂にも強いまつげと眉のできあがり。ダブル フィックスマスカラ 9g ¥3,570（クラランス）

70

守るのは顔だけ？

走っていると、ウエアと肌がすれることがあります。特に、空気が乾燥する秋から冬にはかゆみが発生する場合も。

肌のすれ防止・かゆみ防止のためには、しっかり保湿をしておくことが大切です。ボディローションやクリームなどをぬっておきましょう。肌を保湿することは脱水症状の予防にもつながります。そして意外と忘れがちなのが唇。リップクリームやリップバームなどをこまめにぬって、乾燥を防ぎましょう。

＜リップ・ボディケア＞

① とろりとしたテクスチャーが魅力的
ふっくらとした魅力的な唇にみせるリップクリーム。リップベースに使えば口紅の色落ちも防げるスグレもの。携帯に便利なチューブタイプ。AHA・ビタミンE配合。リップシルキークリーム 11.3g ¥3,150（ローラ メルシエ）

② キュートなアップルちゃんにメロメロ
女子のハートを打ち抜くかわいいルックスのリップクリーム。もちろん中身も女子の期待をうらぎらない。リンゴ由来エキス配合で唇は"ちゅるちゅる"に。アップルちゃん リップクリーム 9g ¥693（B＆Cラボラトリーズ）

③ やさしいバニラの香りでリップケア
サンスクリーン効果をプラスしたスティックタイプのリップバーム。皮膚が薄く刺激に弱い唇をなめらかに保つ。全米売り上げNO.1。カーメックス リップバーム スティック UV SPF15 4.25g ¥504（ウトワ）

④ 南の島の植物でしっとりボディ
さらっと肌になじむウォータリージェルタイプのボディバーム。南国の植物の恵みがしっとりボディにさせてくれる。シトラスハーブの香り。アヌエヌエ チャージ フル ボディー バーム N 140g ¥1,050（B＆Cラボラトリーズ）

⑤ シャンパンで贅沢保湿
高い保湿力を持つシャンパン酵母エキス配合のボディクリーム。天然ローズの香りに包まれながら優雅にお手入れができる。グラスオール ボディトリートメントクリーム 200g ¥4,300（プライヴ）

⑥ 気合いを入れて動く日に
スポーツする前にぬる皮膚保護クリーム。手のひら・腕・かかと・足・胸など、肌荒れを起こしやすい部位にあらかじめぬっておくと効果を発揮。無香性で男女問わず使いやすい。プロテクトS1 80ml オープン価格（アースブルー）

＜メイク落とし＞

① バックステージ生まれのクレンジング
ファッションショーは時間との闘い。「次のメイクアップのため」を考えたクレンジングは、素早く落とせて肌のケアもできるシートタイプ。メイクアップアーティストの必需品はランナーにも優しい。ワイプ 100枚入 ¥3,885（M・A・C）

② さっと一拭きメイクオフ
ウォータープルーフマスカラもするっと落とせるシートタイプのメイク落とし。洗い流さなくてもさっぱりすべすべ。素肌と同じ弱酸性。ビオレ ふくだけコットン さらさらオイルin 10枚入 オープン価格（花王）

③ 走り終わったらすぐメイクオフ
水クレンジングの火付け役に新しい仲間登場。メイク落としから化粧水までこれ1本の便利さは変わらずにエイジング対策も。クレンジングエクスプレス クレンジングローション エイジケア 300ml ¥1,155＜編集部調べ＞（マンダム）

④ オイルにも負けないクレンジング力
メイクになじむとオイルベースに変わってしっかりメイクオフ。ミルクならではの優しい肌あたりとほのかなアロマの香りでリラックス効果も高い。ディープ クレンジング ミルク 200g ¥3,675（ポール＆ジョー ボーテ）

⑤ 二役をこなす高機能アイテム
クレンジングクリームとマッサージクリームの二役をこなす上、洗い流し・拭き取り両用！ どこまでも使い勝手のいいクリームでしっかりメイクオフしよう。イルネージュ リフレッシュマッサージ 150g ¥13,650（メナード）

商品お問い合わせ先は72ページ。商品情報は2008年11月時点のものです。

ヘアケア&スタイル

肌と同じように髪も紫外線によるダメージを受けます。スプレータイプや洗い流さないトリートメントタイプのUVヘアケア製品が出ていますので、そうしたものでお手入れしましょう。

ヘアスタイルは、アスリートのようにショートカットにするのも1つの手ですが、走るためにわざわざ変える必要はありません。長さがある場合はゴムやシュシュで束ねましょう。走る時に髪が広がるのが気になる場合は、帽子やサンバイザーをかぶればOKです。

Sun visor

Cap

chouchou

twin tail

＜ヘアケア＞

①髪にもUVケアを
炎天下の過酷な紫外線環境から髪を守るUVスプレー。ウォータープルーフポリマー配合で湿気もシャットアウト。サロン専用品。デーブロテクター UVスプレー 100g ¥1,890（資生堂プロフェッショナル）

②出かける前にお忘れなく
強い日差しから髪を守る洗い流さないヘアトリートメント。ウォータープルーフ処方で汗にも強い。セサミオイルが髪を保護しながら潤いとツヤ、栄養を与えてくれる。ルネ フルトレール サンケア オイル 125ml ¥3,360（アリミノ）

③強い髪はふだんのお手入れから
コラーゲンでダメージを修復し、髪のコンディションを本質的に整える「プラスNシリーズ」。ヘアサロン「ZACC」とのコラボで生まれた健康な髪を取り戻すヘアケアライン。シャンプー 300ml ¥2,520／コンディショナー 300ml ¥3,780／トリートメント＜デイリー＞260g ＜ウィークリー＞100g 各¥3,780（ニッピコラーゲン化粧品）

＜商品お問い合わせ先＞
●B＆Cラボラトリーズ お客様相談室 ☎03-5462-1762／●M・A・C（メイクアップ アート コスメティックス）☎03-5251-3541／●アースブルー ☎042-554-7783／●アリミノ ☎03-3363-8211／●井田ラボラトリーズ ☎03-3260-0671／●ウトワ ☎03-5467-9540／●花王ソフィーナ ☎03-5630-5040／●花王（ビオレ）☎03-5630-5030／●カネボウ化粧品 ☎0120-518-520／●クラランス ☎03-3470-8545／●資生堂 お客様窓口 ☎0120-81-4710／●資生堂プロフェッショナル ☎0120-81-4710／●ジュジュ化粧品 ☎0120-801016／●ドクターシーラボ ☎0120-371-217／●ドドジャパン ☎03-3833-4071／●ニッピコラーゲン化粧品 ☎0120-30-3232／●パルファム ジバンシィ ☎03-3264-3941／●フェリーチェ トワコ 表参道 ☎03-3405-7888／●プライヴ ☎0120-510-631／●ヘレナ ルビンスタイン ☎03-6911-8287／●ポール＆ジョー ボーテ ☎0120-766-996／●ボビィ ブラウン ☎03-5251-3485／●マックス ファクター ☎0120-021325／●マンダム ☎0120-37-3337／●メナード ☎0120-164601／●ランコム ☎03-6911-8151／●レノア・ジャパン ラフラお客様相談室 ☎0120-510-564／●ローラ メルシエ ☎03-5467-9550

女性ランナーの天敵！　貧血防止

　貧血は女性ランナーの天敵ですね。貧血にはいくつかの種類がありますが、病的な貧血以外、多くの女性は「鉄欠乏性貧血」で悩んでいます。鉄欠乏性貧血は、血液中の赤血球の割合が少なくなってしまう（4割以下）ことによって起きます。その理由としては、
・鉄分とたんぱく質の不足
・出血(月経・けが・手術など)
などがあります。
　このほかに「見かけの貧血」というものがあります。これは妊娠や、激しいスポーツ時にただの水を飲んだりした場合など、循環血流量は増加するのに赤血球は増加しないため、貧血と同じ状態が引き起こされる、というものです。
　赤血球は酸素を体に運ぶ役目をしますが、不足すると酸素が運搬されず、不要となった二酸化炭素もうまく運ばれなくなり、頭がぼんやりする・めまいがする・疲れがとれにくいという状態を起こします。さらに、少ない赤血球を体のすみずみに運ぼうとして心臓が心拍を増加させるため、動悸・息切れにもつながります。
　元々、鉄分は体の中でリサイクルされていて、たとえ体内の鉄量が減ったとしてもふだんの食事で十分補えるのですが、女性は月経による出血があったり、ランニングで汗をかくのと同時に鉄分が失われたりするため、無理なトレーニングをすると貧血になりやすいのです。
　こうした貧血防止のためには、食事による鉄分のコントロールが必要です。まずは鉄分の多い食品をふだんの食事にプラスしてみましょう。鉄は吸収されやすいヘム鉄と、吸収されにくい非ヘム鉄に分けられます。ヘム鉄が含まれる食品には、牛・豚・鶏などの肉類（特にレバー）、貝類、魚類（かつお、まぐろ、うなぎ）があります。非ヘム鉄が含まれる食品は、青菜（ほうれん草、小松菜、モロヘイヤ、大根葉）、大豆製品、ひじき、プルーン、黒砂糖などがあります。鉄分を効率よく吸収するためには、ヘム鉄を含む食品を、たんぱく質、ビタミンC、クエン酸と一緒にとるのがおすすめです。
　また、血液をつくり出すために必要なビタミンB群（特にビタミンB_{12}、動物性食品に多い）、葉酸（緑黄色野菜、貝類、レバー）もとりましょう。さらに、鉄を体が利用しやすくする銅（レバー、貝類、大豆製品）をとってみてください。ただ、この銅は胃酸がないと吸収されにくいので、よく噛むことで胃酸を十分に分泌させましょう。
　鉄の吸収をさまたげてしまうものとして覚えていて欲しいものがあります。インスタント食品、レトルト食品、冷凍食品などといった食品添加物を多く含んだ加工食品です。また、フィチン酸（有害なミネラルを排出するが、他のミネラルやタンパク質の吸収を阻害することもある）という成分が含まれる玄米（発芽玄米には含まれていません）、大豆、糠、タンニン（コーヒー、緑茶、ウーロン茶にはタンニンが含まれません）や炭酸（ビール）、食物繊維なども鉄分吸収を妨げます。しかし、これらの食品を食べないというのは現実的ではありません。加工食品をとる場合は必ず野菜を加えたり、食べる時間をずらしたり、量を減らすなどすれば問題ありません。
　食べ方や調理方法を工夫して鉄分を上手にとり、貧血を防止していきましょう。

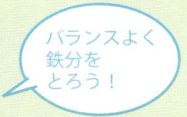

水分補給も忘れずに

バランスよく鉄分をとろう！

大会に出てみよう！

いきなりフルマラソンに申し込んで、自分のやる気を引き出すのも一つの手です。東京マラソン（東京）、ホノルルマラソン（ハワイ）など、有名で参加者数が多い大会がおすすめです。

大きな大会にエントリー

するのが一番です。

モチベーションで選ぶ

20代最後の記念・還暦祝い・プロポーズ・ハネムーンなど、人生の節目に何かにチャレンジすることは、いい思い出になり、自分自身を変えるきっかけにもなります。ニューヨークシティマラソン、ディズニーランドマラソン（フロリダ）など、海外旅行を兼ねても。

徐々に自信をつける

5kmや10kmなど、自分が実際に走った距離から大会を選びましょう。完走して自信をつけたら、徐々に距離の長い大会にレベルアップ。

大会を選ぶコツ

例えば東京マラソンのように、ふだんは走ることができない場所を走る大会は、観光気分も得られて楽しく参加できます。制限時間が6時間以上の大会を選ぶと、安心して参加できます。

富里スイカロードレース（千葉）、巨峰マラソン（山梨）など、フルーツがもらえる大会のように、参加賞で大会を選ぶのもおすすめです。楽しそうな大会に参加

フルマラソンへの道

42.195kmという長い距離を走り抜くためには、どんなトレーニングが有効でしょうか。月に100km以上走ったり、筋力トレーニングをしたりと、とにかく厳しいトレーニングをすることが必要にも思えますが、実は一番大切なのは「適度に練習し適度に休むこと」です。

フルマラソンを走ったことがない人におすすめなのが、今から1年後のフルマラソンを目指したこんな練習スケジュールです。

4×4

1年後をゴールとして、12カ月を4つ（季節）に区切りましょう。1つの季節が3カ月になります。次に、1カ月を約4週で区切り、1週を4つに区切るわけです。走るレベルも4つに区切ることです。つまり、2日に1回走るということ。表のように、徐々にレベルアップをしながら適度に休み、練習は週の3～4日までにしてください。

1年後にフルマラソンを完走するためのメニュー例

月／週	スタート～3カ月目	3カ月目～6カ月目	6カ月目～9カ月目	9カ月目～12カ月目
月	走（軽め）	休み	休み	休み
火	休み	走（無理をしない）	走（無理をしない）	走（レベルダウン↓）
水	走（レベルアップ↑）	休み	休み	走（無理をしない）
木	休み	走（軽め）	走（軽め）	休み
金	休み	休み	休み	走（軽め）
土	走（レベルアップ↑）	走（レベルアップ↑）	走（レベルアップ↑）	休み
日	休み	走（レベルアップ↑）	走（レベルアップ↑）	走（軽め）

スタートから9カ月目まではレベルを上げるが、大会前が近づくにつれてレベルを落とし、疲労を取り除く

練習目標

いきなり42kmすべてを走れるとは言いません。まずはフルマラソンの「時間」と「42.195km」という距離の両方を経験することをおすすめします。

【半年後】歩きを中心に休憩しながらでも体を連続で3～4時間程度動かせるようにする。フルマラソンの「時間」を経験しましょう。

【9カ月後】1日最高30kmを走れるようにする。フルマラソンの「距離」を経験しましょう。当然大会に慣れることも必要です。モデルケースを参考に、自分のライフスタイルに合わせてトレーニングを行ってください。

フルマラソンのように、長距離を長時間かけて走る大会は、1年近くの準備が必要ですが、歩くことも考えて完走のみを目指すのであれば、3カ月前からスタートしても間に合うこともあります。

マラソン大会は「発表会」です。監督・脚本・主演すべてが自分自身。沿道の応援は、主演である自分への歓声です。速く走れる勝負服で臨むか、かわいくきれいなウエアで目立つかなど、自分をどうやって見せるかということも、走りを楽しくさせます。

自分にしかないエンディングをゴールゲートで見つけてみましょう。そのエンディングこそが、フルマラソンの魅力なのですから。

汗をかく前にこそ水分補給

　脱水症状を防止するためには、こまめな水分補給が必要と言われています。どんなタイミングで、どのくらい飲むのがよいのでしょうか？

＊　　＊　　＊　　＊

　人間の体の約50〜60％は水分です。さらに、人間が1日に必要とする水分量は2リットル前後と言われています。体の内部では1日約200リットルの水分が循環されていますが、水分摂取量とその排出量は実はそのうちのわずか1％です。排出量のほとんどを占める尿は、同時に体の老廃物も出します。しかし汗などは、尿に比べて老廃物の排出量が極めて少ないため、体は水分量を高め、腎臓というフィルターを使って体から老廃物を出すことが必要になってきます（ちなみに尿が出ないと、尿毒症という重篤な病気になります）。汗で体温調節しているランナーは、失った水分補給のためにも、老廃物の排出のためにも、当然普通の人より多く水分をとることが求められます。
　理想的な水分補給は以下の通りです。

○運動前…500mlのペットボトルを2時間くらいかけて飲む。少量をこまめに。
○運動中…20分に1回一口（100ml）を目安に飲む。ペットボトルを5等分するとわかりやすい。
○運動後…速やかに補給。ただし一気に飲まず、こまめに分けてとる。

　そのほか、脱水症状を防ぐために次のことに気をつけましょう。

○運動前後で体重計に乗り、体重変化で汗の量を確認する
○くちびるが乾いてきたら黄色信号（呼吸からも水蒸気として水分が排出されるため）

　体重に換算して1kg分の水分が減少すると、のどの渇きなどの危険信号が出ます。これを放ったまま2kg近くまで水分が減少すると、めまいや頭痛が起こり、すぐに点滴などをしなければ命にも関わる事態になります。やせたいからとサウナスーツを着こんで走ったり、マラソン大会のスタート前にトイレに行くのをさけるため水分補給をやめるというような行為は、脱水症状を引き起こしやすく、とても危険ですので絶対にやめましょう。
　おすすめする飲み物としては、麦茶、ミネラルウォーター（電解質を含むもの・硬水）、スポーツドリンクです。スポーツドリンクは電解質に加え糖質補給もできます。糖質が5％くらい入っていたほうが吸収されやすいのですが、糖質が多い飲み物だと口の中がべたついて飲みにくい場合もあります。そんな時は水で薄めたり、氷を入れたりして工夫しましょう。
　また、ふだんの生活でも水分補給を意識します。まずは就寝前と起床後にコップ1杯の水を飲みましょう。人間は、就寝中体温を下げるため汗をかきます。その量が意外に多く、コップ1杯（180ml）もあり、夏場ではその倍と言われています。快適な睡眠を導く体温調節のためにも、寝ている間に失った水分を補うためにも、ぜひ朝晩水を飲んでみてください。
　水以外の飲み物については、糖分を含む飲みものは太りやすいので摂取量に注意しましょう。利尿作用があるカフェインやアルコールは控えめに。例えば赤ちゃんでも飲める麦茶はノンカフェインなのでおすすめです。さらに水の温度ですが、夏場は冷たいものを飲むことで体温を下げることができます。冬場は常温が好ましいです。ただ、夏場と言えど冷やした水を飲みすぎれば下痢になりやすく、冷え性の方は要注意。ビールの飲みすぎにもご注意ください。

走る前の不安、走り出してからの疑問…
牧野トレーナーに聞いてみよう！

全部お答えします！

Q3 走ると胸が垂れる ってホントですか？

A：胸にはクーパー靱帯という靱帯があり、胸を支えたり揺れから守ったりしてくれています。この靱帯は、いったんのびたり切れたりすると元に戻りません。そのため、加齢などによって靱帯がのびると、胸も垂れてきてしまうというわけです。ジャンプ運動であるランニングは、当然クーパー靱帯に負担をかけます。胸が垂れるのを未然に防ぐためにも、ランニング時には必ずスポーツブラをすることをおすすめします。

Q1 やせる走り方 ってありますか？

A：最大のポイントは運動強度と時間です。運動強度が高ければ汗はたくさんかきますが、脂肪は燃焼されません。逆に継続運動の時間が長ければ、5～10分の休憩があっても脂肪は燃焼されます。運動レベルについては心拍数を意識することが大事です。詳しくは11ページのコラムで説明しています。

Q4 学生時代に ひざを壊した ことがあります。走っても大丈夫ですか？

A：けがの程度によりますが、学生時代にしっかり受診してけがが完治していれば問題はありません（接骨院は病院ではないので注意が必要）。ただし、ひざを壊してから運動を敬遠していた場合、運動不足が考えられます。いきなり走り出さず、まずはウォーキングからスタートしましょう。

Q2 足が太くなる のが怖くて走る気になれません…。

A：ウォーキングやジョギングは脂肪を燃焼する運動です。走ることだけで足は太くなったりしません。詳しくは25ページでこの悩みについてしっかりお答えしていますので読んでみてください。とにかく安心して走り出してみましょう。足が筋肉質になるのが気になる人は、本書で取り上げたエクササイズで体幹を鍛えましょう。体全体で走れるようになるため、足だけに負担がかからなくなり、余計な筋肉がつかなくなるので、美脚効果が得られます。

運動すると疲れがとれる不思議

　最近疲れやすくなったという人が多く見受けられます。そんな疲れた人や，ふだん運動していない人が急に運動すると，さらに疲れるのでは…と思いますよね。実は，体に負担が少なければ，運動したほうが疲れがとれやすくなるのです。ウォーキングやジョギングなど，ゆっくりで体に負担がかからない運動をすると，全身の血行がよくなります。デスクワークなどで長時間同じ姿勢を維持する人は，血行不順や筋肉の柔軟性の低下が起きていると考えられますが，こうした人がジョギングなどのような軽めの運動をすると，全身に血液が回って体温が上がり，筋肉も温まって動きがよくなるのです。それに加えてストレッチなど直接筋肉を動かす運動をすると，筋肉や関節の柔軟性も増します。ジョギングや軽めの運動をすることで，血行がよくなる→体温が上がる→代謝が上がる→汗をかく→新陳代謝が上がる，という体にいい循環が生まれます。疲れたからといって休日に家でゴロゴロしていると，血行が悪くなり，筋肉も使いませんから筋力が低下し，かえってだるくなってしまうのです。
　スポーツ選手の間でも，激しい運動をした翌日は，軽めの運動をしたり，他の競技を取り入れることで血液循環を向上させ，新陳代謝によって疲労回復を図る「アクティブレスト」という考え方が一般的になりつつあります。風邪をひいたりけがをしていなければ，休みの日やきつい運動をした翌日は，外で軽く運動して疲労回復しましょう。気分を一新する意味でも，おすすめです。

Q7 朝・夕方・夜。いつ走るのがおすすめですか？

A： 特に差はありませんが、朝のランニングは糖質入りのドリンクなど口にしてから行いましょう。起床時は血糖値が低く、体内の水分も不足した状態になっているからです。また、夜寝る前に量や質の高い練習をすると、アドレナリンなどの影響によって体が興奮してしまい、眠れなくなるおそれがあります。就寝前の過度な運動はご注意ください。

Q5 生理の時は、走らないほうがいいですか？

A： 生理中の出血が多い人は、貧血のおそれがあるので運動は控えましょう。体温も低温期に入るので、ウォーミングアップを十分にしてから行ってください。逆に排卵期に入ると、体温が高温期に入るのでランニングがしやすい時期です。毎朝基礎体温を計ると、どの時期に運動効果が上がるか分かるので、健康チェックも兼ねて、婦人体温計で計りましょう。

Q8 ①食事をしてから走る ②空腹時に走る どちらがいいんでしょうか。

A： 食事をしてから走りましょう。ただ、食べた直後は内臓に負担がかかるので、走る2時間前までにはすませてください。朝や夕方など、食事のタイミングが合わない場合は糖質入りゼリーやスポーツドリンクを代用してください。

Q6 とりあえず手持ちの運動靴で走っても大丈夫ですか？

A： はじめは運動習慣をつけることが大事です。シューズはなんでもいいので家の外に出てウォーキングからスタートしましょう。体が慣れてきたら、ぜひ専用のシューズを買ってください。シューズは専門ショップで買うのがおすすめです。無料で足型を測定してくれるサービスなど、きちんとしたアドバイスを得られます。

Q9 近くにいいランニングコースがありません。どこで走ればいい？

A： 周辺の町を散策するつもりで走れば、そこがランニングコースです。近所に公園や土手などがなければ、隣町まで行って戻ってくるだけでも十分です。走力がつけばつくほど行動範囲が広がりますよ。

Q10 会社の仲間と走っています。**男性と走る時、**何か注意することはありますか？

A：男性ランナーが経験者の場合は、あらかじめゆっくり走ってもらうように頼んでおきましょう。男性のペースにつられるとスピードが上がりすぎることがあるからです。また、男女問わず友人と一緒に走る際は、横に並んで走らず、前の人の少し後ろを走行するようにしましょう。後ろから来るランナーや歩行者の邪魔にならないための、エチケットです。

Q12 周回コースを走っています。**同じ方向**でばかり走っていると、体のバランスなどが悪くなったりしますか？

A：体が片方に傾きがちになり、よくありません。歩道もどちらかに傾斜しているケースが多いので、周回する時は必ず逆回りもしてください。

Q11 走り慣れてタイムが向上してきました。これからは、さらに**タイムを伸ばすべき**でしょうか、それとも**走行距離を伸ばすべき**でしょうか。

A：走り始めというのは、走った量だけ記録が向上します。まずは走る時間を増やしましょう。2時間程度連続して走れるようになったら、次は距離を意識して走りましょう。時間と距離のメリハリをつけるのが大切です。

Q13 ジムの**ランニングマシン**で走っています。外で走るより足腰に負担がかかりますか？

A：ランニングマシンは、ベルト部分がゴム製です。そのため足への衝撃が少なく、屋外で走るのに比べて8〜9割程度の負荷と言われます。マシンで走ることに慣れたら屋外へ出て、少しずつ体を慣らしていきましょう。

Q14 次のランニングまで日にちが空く場合、心がけたほうがいいことってありますか？

A：私が紹介したエクササイズを自宅でしてみてください。その他、通勤通学時にはエスカレーターに頼らず歩いて階段を登ったり、ふだんの生活に運動を入れましょう。

Q15 土日にまとめて長距離を走るより、短い距離でも平日こまめに走ったほうがいいですか？

A：運動習慣をつけるためにも、まずは短い距離からこまめに走りましょう。1カ月くらい経ったら、週末に長距離にチャレンジして、メリハリのある練習をしましょう。

Q16 飲み物は持ち歩いて途中で飲んだほうがいいですか？走り終わってからのほうがいいですか？

A：20分ごとに1回は水分補給したいので、持ち歩くことをおすすめします。

Q17 ランニング中に飲むのは水、それともスポーツドリンク？

A：運動時の飲み物は、糖質・ミネラルを含む飲料（スポーツドリンクやミネラルウォーター）を飲みましょう。糖分を5％以上含むスポーツドリンクは、水で半分に薄めるのをおすすめします。
飲み方としては、運動開始2時間くらい前から、250ml〜500mlを時間をかけて飲みます。運動中は、20分ごとに1回（1口100ml）の水分補給をしましょう。のどが渇く前、何か飲みたい！と思う前に補給するのがポイントです。運動後もなるべく早めに水分補給しましょう。
運動しない時でも、ふだんの生活からこまめに水分補給するようにしてください。詳しくは77ページのコラムで紹介しています。

Q18 走っていると途中で信号にひっかかります。信号を待っている間は、どうしたらよいですか？

A：立ち止まってしまうとリズムが崩れるので、その場で足踏みすることをおすすめします。その他、屈伸やストレッチなどをして足の疲労をとることも必要です。水分補給タイムに使ってもOKです。

Q19 上り坂、下り坂、走り方のポイントを教えてください。

A： 上り坂は歩幅を小さくし、体を倒しすぎないように気をつけながらリズムよく登りましょう。平地に比べ、足へのダメージが8割程度に軽減するため、心肺機能を鍛えるには最適です。下りは逆に、平地に比べて120％以上の負担が足にかかります。ランニング経験の少ない人は、歩くぐらいの気持ちでゆっくり走りましょう。

Q20 夜のランニング、防犯対策はどうすればいいのでしょうか。

A： 反射素材が入ったウエアを身につけると、事故に巻き込まれにくくなります。走る場所は警備が多い場所（都内なら皇居など）を選びましょう。明るいとはいえ、公園など人の少ない場所はおすすめできません。

Q21 走る時、お財布や鍵はどうやって身につければいいですか？

A： リストバンド型の鍵・小銭入れがおすすめです。また、最近のウエアには、小銭などを入れるポケット付きのものがあります。ウエア選びのポイントにしてみてください。

Q22 走る時、**アクセサリー類（貴金属）は外したほう**がいいですか？

A：特に気にせず、おしゃれを楽しみながら走りましょう。ただし、シルバーアクセは毎日お手入れするのを忘れずに。

Q23 汗をかくため**ウエアを着込んで**います。ダイエット効果はありますか？

A：ありません。脱水による体重減少は考えられますが、「やせる」効果はないのです。病気やけがの原因にもなりますので、ウエアを着込んでのランニングは絶対に行わないでください。

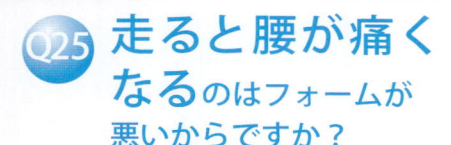

Q25 **走ると腰が痛くなる**のはフォームが悪いからですか？

A：ランニングは姿勢を正して行う運動です。腰回りの筋力が足りなかったり、長時間同じ姿勢のまま走っていると、確かに疲労が残ります。腰のストレッチを欠かさずにしましょう。特に腹筋が弱い人は、腰がそって走りがちで、腰が痛くなりやすいもの。腹筋運動を取り入れるのがおすすめです。

Q24 ウエアで**防寒・暑さ対策**をする場合、トップスで調整するのがいいのか、ボトムスで調節するのがいいのか、どっちですか？

A：防寒対策には、アームウォーマーでの調整や、ロングタイツをはくことをおすすめします。暑さ対策としては、ボトムスは七分丈がおすすめ。ひざを守りつつ、ひざ下は風を受けられます。トップスは熱を逃がしたり速乾性にすぐれたタイプがあります。ウエアは夏用冬用に分けることをおすすめします。

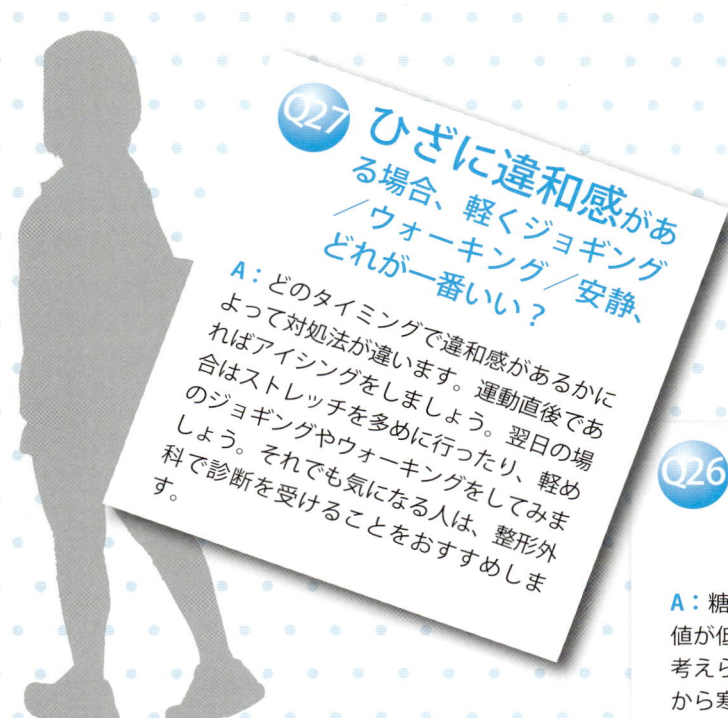

Q27 ひざに違和感がある場合、軽くジョギング／ウォーキング／安静、どれが一番いい？

A： どのタイミングで違和感があるかによって対処法が違います。運動直後であればアイシングをしましょう。翌日の場合はストレッチを多めに行ったり、軽めのジョギングやウォーキングをしてみましょう。それでも気になる人は、整形外科で診断を受けることをおすすめします。

Q26 冬に屋外を走っていると頭が痛くなります。どうして？

A： 糖分が足りない状態で走ると、血糖値が低くなって頭痛を引き起こすことが考えられます。また、暖房の効いた場所から寒い戸外へ移動すると、血圧が急に上昇することも頭痛の要因になります。冬場はいきなり走り出さず、ウォーキングなどで体温を上げてからスピードを上げていきましょう。冬場に常時頭痛が起きる場合は、医師の診断を受けてください。

Q29 走った後お酒を飲んでも大丈夫？

A： 走った直後は、まずはきちんと水分補給しましょう。ビールのためにお水を飲むのをがまんするというのはやめてください。水分補給した後なら、アルコール摂取に問題はありません。アルコール自体は、ノンプラーカロリーといって、脂肪になりにくい性質を持っているのですが、走った後の体はエネルギーを欲しがっています。アルコールと一緒に食事をとりすぎると、体は食べたものをしっかりたくわえてしまうため、走った後に食べすぎると「身になりやすい」といえます。さらに飲みすぎれば肝臓に負担がかかるため、体はさらに糖質を欲しがることになります。お酒も食事も、あくまで適量にして、楽しんでください。

Q28 足にちょうどフィットするシューズをはいて走ったら血豆ができてしまいました。

A： そのシューズを買った時間帯は午前中ではありませんでしたか？足にむくみがない状態で選んだシューズは、実際に走った時、靴内部と足がこすれてしまうのです。シューズは少し余裕があるものを選びましょう。また、走る前に足にローション（ワセリン）をぬったり、血豆ができやすいところに絆創膏を貼ったり、5本指ソックスをはいたりして、対策をしましょう。

Q32 レース1ヶ月前の練習はどうしたらよいですか？

A：計画的に練習してきたのなら、すでに練習の質、量ともにピークに達している状態です。1カ月前は、前週の8割程度に練習量を落としていきます。例えば1週目に20km走ったのであれば、2週目は最高15km、3週目は10km程度、最後の4週目は自分が目標とするゴールタイムを計算し、同じペースで5km程度走るというもの。疲労を上手にとりながら、走るリズムを体に覚えこませましょう。

Q30 仕事帰りに会社近くを走り、お風呂は自宅へ帰ってから入っています。走った後すぐにシャワーを浴びたほうがいいのでしょうか。

A：できれば練習後すぐにシャワーやお風呂に入ってください。汗による身体の冷えを防ぎます。ただ、その際にも水などで足を冷やすアイシングはお忘れなく。シャワーなどの施設がない場合は、タオルやデオドラントシートで体をふいてから、着替えてください。

Q31 レースに出てみようと思います。アドバイスください。

A：レース選びのポイントは、仲間を誘うことです。初めて参加する場合、1人だと何かと不安になりがちで、どんなに準備しても足りないような気持ちになってしまいます。やむなく1人で参加する場合は、自分の行動範囲内の場所を選ぶとよいでしょう。
レース前は特に緊張します。着替え前にトイレの場所を確認しておくと安心です。スタート位置はゼッケン番号順などに分けられているので、係員の指示にしたがってください。当日体調がすぐれなかったり、レース中に体調が悪くなったら、勇気を持って近くの係員に相談して棄権しましょう。レース中は給水所がありますので、初めのうちは一度立ち止まり、しっかり水分補給をしてください。

GOOD LUCK!

●自由に書きこもう●
ランニングダイアリー

ランニングダイアリーって？

- 見開き1カ月別の簡単なダイアリーです。月は入っていないので、走り始めた日から自由に書きこめます。
- 走った距離・時間・体重・体脂肪率が書きこめます。フリーMEMO欄もあります。
- 走った日だけ書きこむのもOK！
- ダイエットダイアリーとして使ってもOK！
- 歩いたり走ったりした自分の成果をチェックしてください。

★ランニングダイアリーの記入の仕方

- 月を書き入れましょう
- 目標を立てましょう
- 曜日を書き入れましょう
- 体重・体脂肪率・走行距離・走行時間・memoを書き入れましょう。
- 上段には体重を折れ線グラフで、下段には距離を棒グラフで書きこんでみましょう。

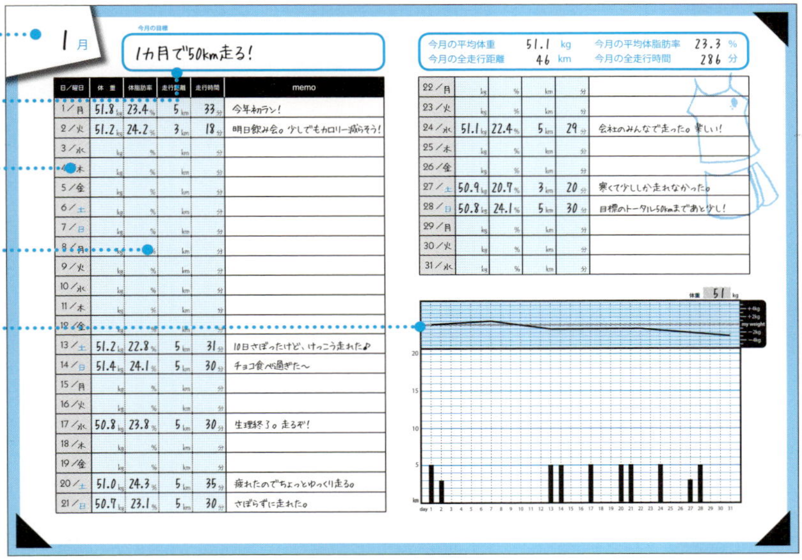

今月の平均体重　　　　kg　　今月の平均体脂肪率　　　　％
今月の全走行距離　　　　km　　今月の全走行時間　　　　分

日	kg	%	km	分	
22/					
23/					
24/					
25/					
26/					
27/					
28/					
29/					
30/					
31/					

体重　　　　kg

+4kg
+2kg
my weight
−2kg
−4kg

km / day 1 2 3 4 5 6 7 8 9 10 11 12 13 14 15 16 17 18 19 20 21 22 23 24 25 26 27 28 29 30 31

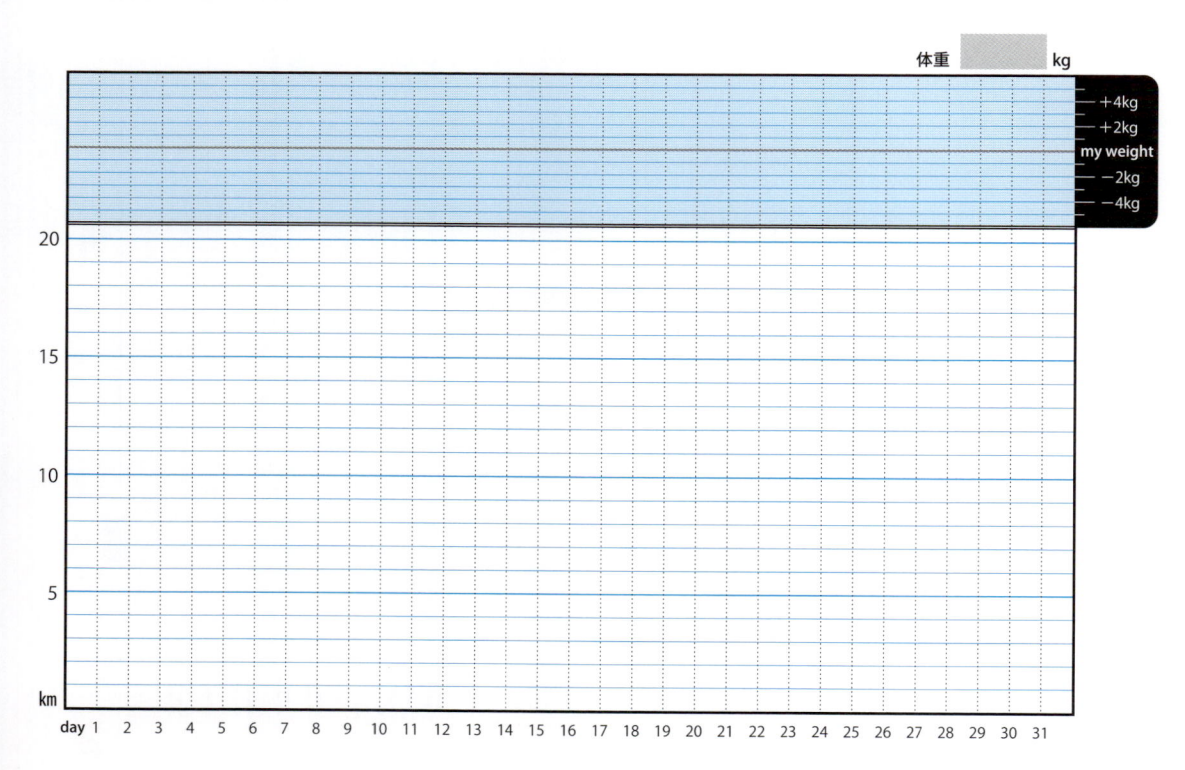

月　　今月の目標

日／曜日	体　重 (kg)	体脂肪率 (％)	走行距離 (km)	走行時間 (分)	memo
1／	kg	％	km	分	
2／	kg	％	km	分	
3／	kg	％	km	分	
4／	kg	％	km	分	
5／	kg	％	km	分	
6／	kg	％	km	分	
7／	kg	％	km	分	
8／	kg	％	km	分	
9／	kg	％	km	分	
10／	kg	％	km	分	
11／	kg	％	km	分	
12／	kg	％	km	分	
13／	kg	％	km	分	
14／	kg	％	km	分	
15／	kg	％	km	分	
16／	kg	％	km	分	
17／	kg	％	km	分	
18／	kg	％	km	分	
19／	kg	％	km	分	
20／	kg	％	km	分	
21／	kg	％	km	分	

今月の平均体重　　　kg　　　今月の平均体脂肪率　　　%
今月の全走行距離　　　km　　　今月の全走行時間　　　分

日付	kg	%	km	分	
22／					
23／					
24／					
25／					
26／					
27／					
28／					
29／					
30／					
31／					

体重　　　kg

+4kg
+2kg
my weight
−2kg
−4kg

20
15
10
5
km

day 1 2 3 4 5 6 7 8 9 10 11 12 13 14 15 16 17 18 19 20 21 22 23 24 25 26 27 28 29 30 31

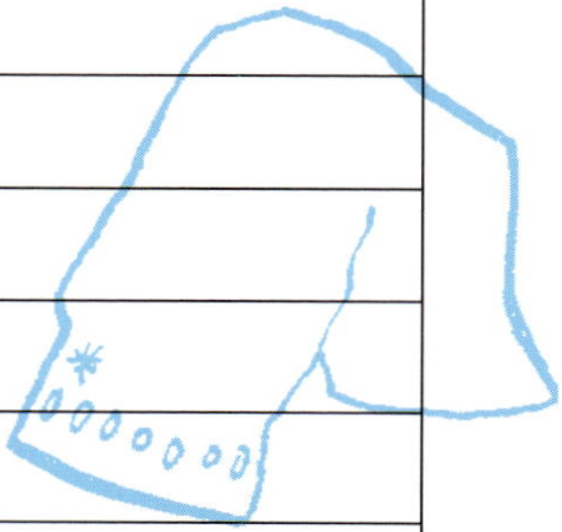

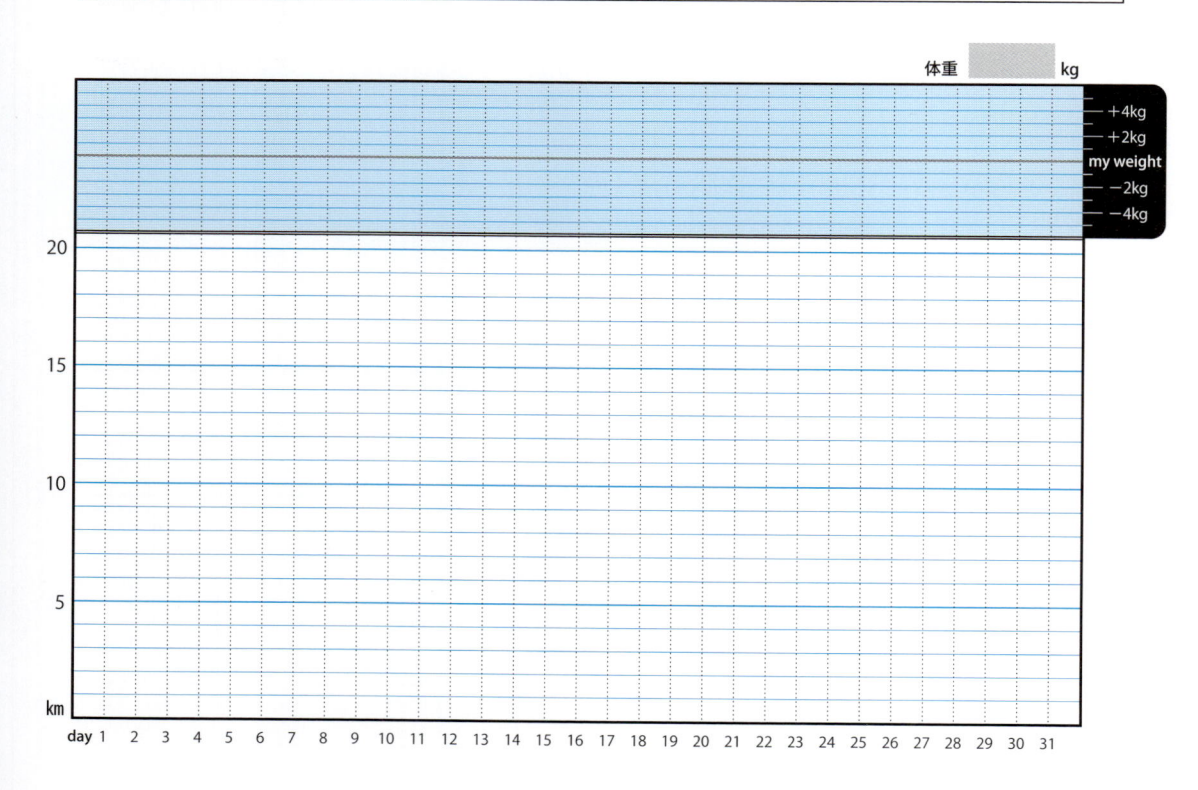

月

今月の目標

日／曜日	体重(kg)	体脂肪率(％)	走行距離(km)	走行時間(分)	memo
1／	kg	％	km	分	
2／	kg	％	km	分	
3／	kg	％	km	分	
4／	kg	％	km	分	
5／	kg	％	km	分	
6／	kg	％	km	分	
7／	kg	％	km	分	
8／	kg	％	km	分	
9／	kg	％	km	分	
10／	kg	％	km	分	
11／	kg	％	km	分	
12／	kg	％	km	分	
13／	kg	％	km	分	
14／	kg	％	km	分	
15／	kg	％	km	分	
16／	kg	％	km	分	
17／	kg	％	km	分	
18／	kg	％	km	分	
19／	kg	％	km	分	
20／	kg	％	km	分	
21／	kg	％	km	分	

今月の平均体重　　　　　kg　　今月の平均体脂肪率　　　　％
今月の全走行距離　　　　km　　今月の全走行時間　　　　　分

日付	kg	%	km	分
22/				
23/				
24/				
25/				
26/				
27/				
28/				
29/				
30/				
31/				

体重　　　　kg

+4kg
+2kg
my weight
−2kg
−4kg

km　day 1 2 3 4 5 6 7 8 9 10 11 12 13 14 15 16 17 18 19 20 21 22 23 24 25 26 27 28 29 30 31

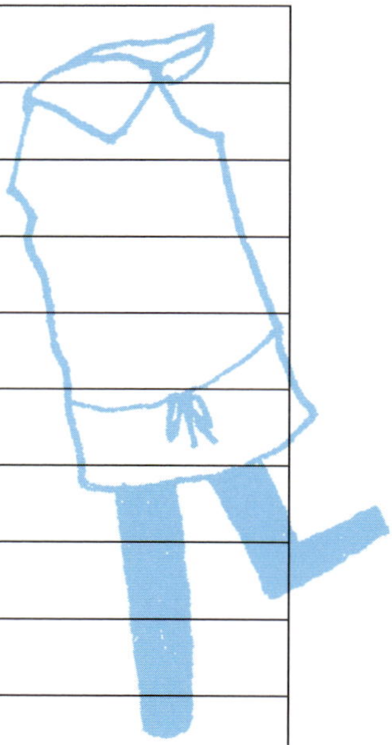

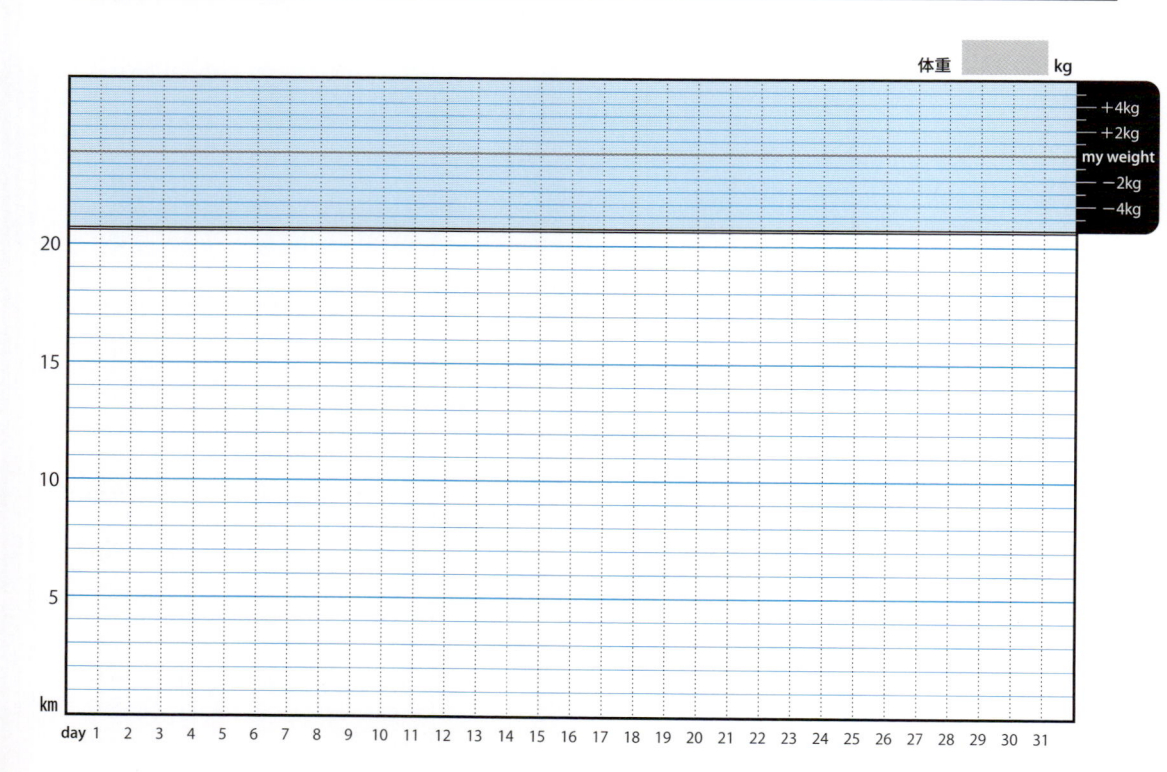

月

今月の目標

日／曜日	体　重 (kg)	体脂肪率 (%)	走行距離 (km)	走行時間 (分)	memo
1／	kg	%	km	分	
2／	kg	%	km	分	
3／	kg	%	km	分	
4／	kg	%	km	分	
5／	kg	%	km	分	
6／	kg	%	km	分	
7／	kg	%	km	分	
8／	kg	%	km	分	
9／	kg	%	km	分	
10／	kg	%	km	分	
11／	kg	%	km	分	
12／	kg	%	km	分	
13／	kg	%	km	分	
14／	kg	%	km	分	
15／	kg	%	km	分	
16／	kg	%	km	分	
17／	kg	%	km	分	
18／	kg	%	km	分	
19／	kg	%	km	分	
20／	kg	%	km	分	
21／	kg	%	km	分	

今月の平均体重　　　　kg　　今月の平均体脂肪率　　　　%
今月の全走行距離　　　　km　　今月の全走行時間　　　　分

日付	kg	%	km	分	
22/					
23/					
24/					
25/					
26/					
27/					
28/					
29/					
30/					
31/					

体重　　　kg

+4kg
+2kg
my weight
−2kg
−4kg

20
15
10
5
km
day 1 2 3 4 5 6 7 8 9 10 11 12 13 14 15 16 17 18 19 20 21 22 23 24 25 26 27 28 29 30 31

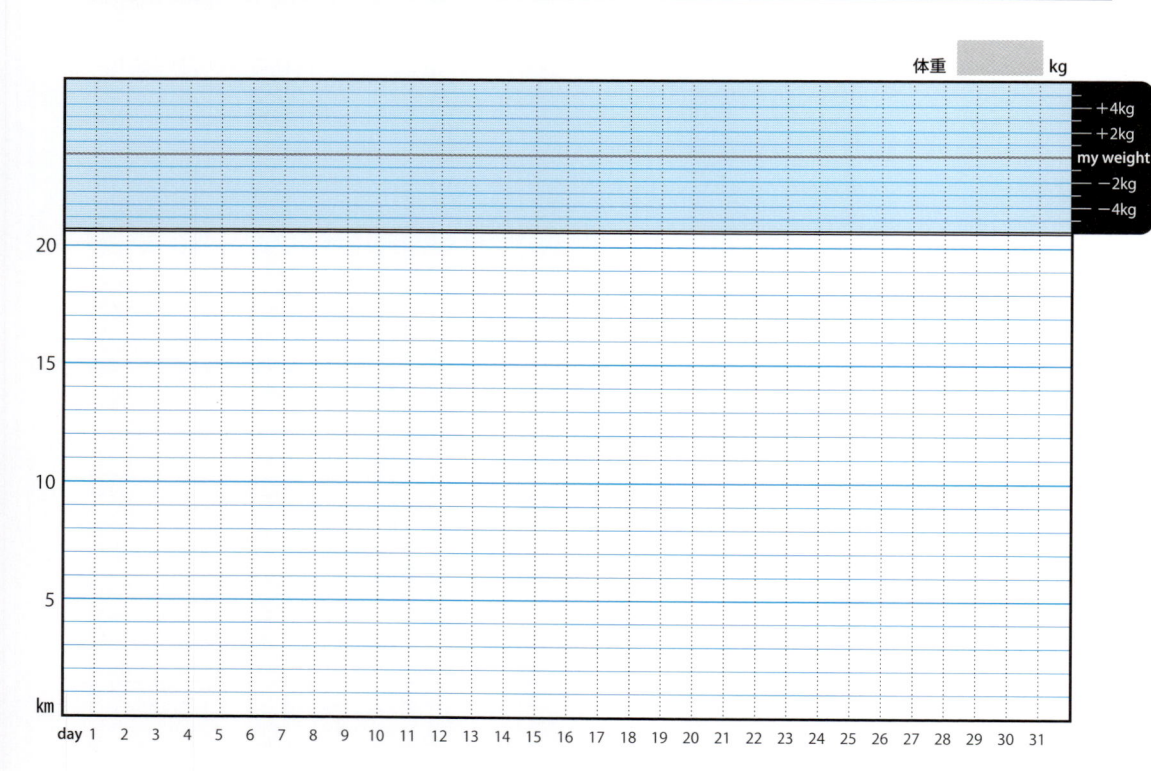

月

今月の目標

日／曜日	体　重 (kg)	体脂肪率 (％)	走行距離 (km)	走行時間 (分)	memo
1／	kg	％	km	分	
2／	kg	％	km	分	
3／	kg	％	km	分	
4／	kg	％	km	分	
5／	kg	％	km	分	
6／	kg	％	km	分	
7／	kg	％	km	分	
8／	kg	％	km	分	
9／	kg	％	km	分	
10／	kg	％	km	分	
11／	kg	％	km	分	
12／	kg	％	km	分	
13／	kg	％	km	分	
14／	kg	％	km	分	
15／	kg	％	km	分	
16／	kg	％	km	分	
17／	kg	％	km	分	
18／	kg	％	km	分	
19／	kg	％	km	分	
20／	kg	％	km	分	
21／	kg	％	km	分	

| 今月の平均体重 | kg | 今月の平均体脂肪率 | % |
| 今月の全走行距離 | km | 今月の全走行時間 | 分 |

日	kg	%	km	分
22 /				
23 /				
24 /				
25 /				
26 /				
27 /				
28 /				
29 /				
30 /				
31 /				

体重 ___ kg

- +4kg
- +2kg
- my weight
- −2kg
- −4kg

day 1 2 3 4 5 6 7 8 9 10 11 12 13 14 15 16 17 18 19 20 21 22 23 24 25 26 27 28 29 30 31

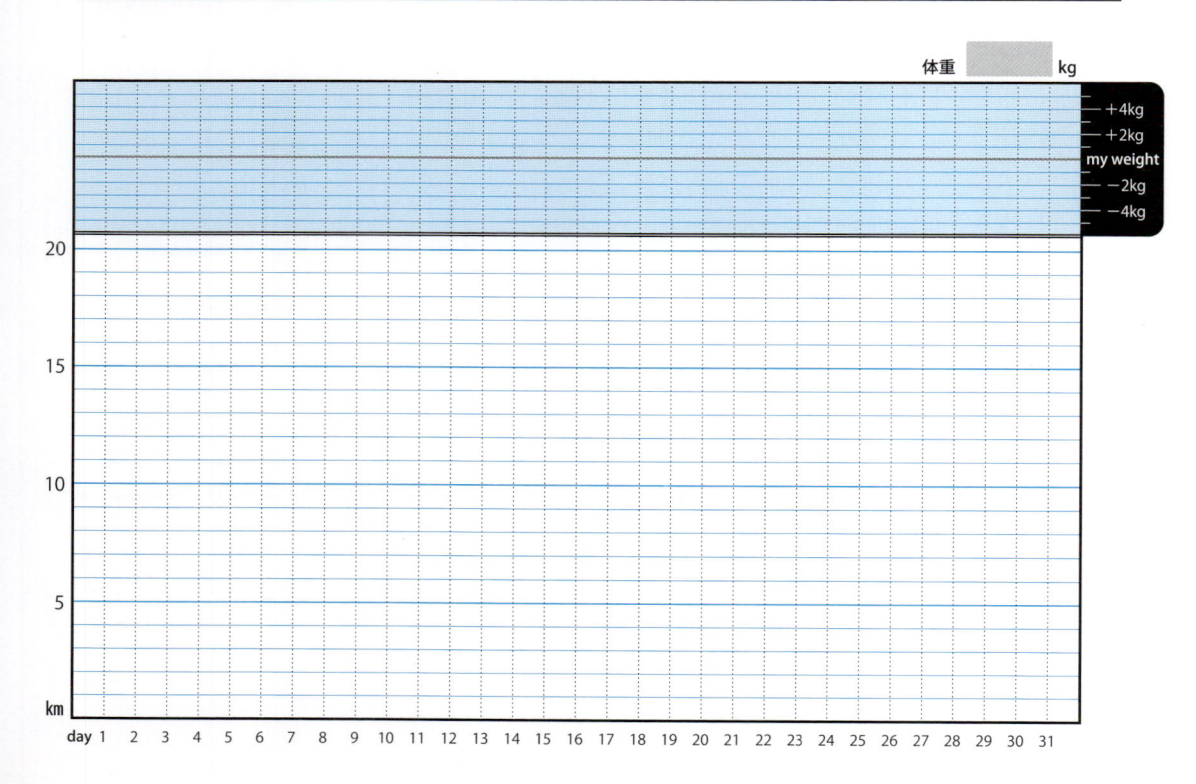

月

今月の目標

日／曜日	体　重 (kg)	体脂肪率 (%)	走行距離 (km)	走行時間 (分)	memo
1／	kg	%	km	分	
2／	kg	%	km	分	
3／	kg	%	km	分	
4／	kg	%	km	分	
5／	kg	%	km	分	
6／	kg	%	km	分	
7／	kg	%	km	分	
8／	kg	%	km	分	
9／	kg	%	km	分	
10／	kg	%	km	分	
11／	kg	%	km	分	
12／	kg	%	km	分	
13／	kg	%	km	分	
14／	kg	%	km	分	
15／	kg	%	km	分	
16／	kg	%	km	分	
17／	kg	%	km	分	
18／	kg	%	km	分	
19／	kg	%	km	分	
20／	kg	%	km	分	
21／	kg	%	km	分	

今月の平均体重　　　　　kg　　今月の平均体脂肪率　　　　　％
今月の全走行距離　　　　km　　今月の全走行時間　　　　　　分

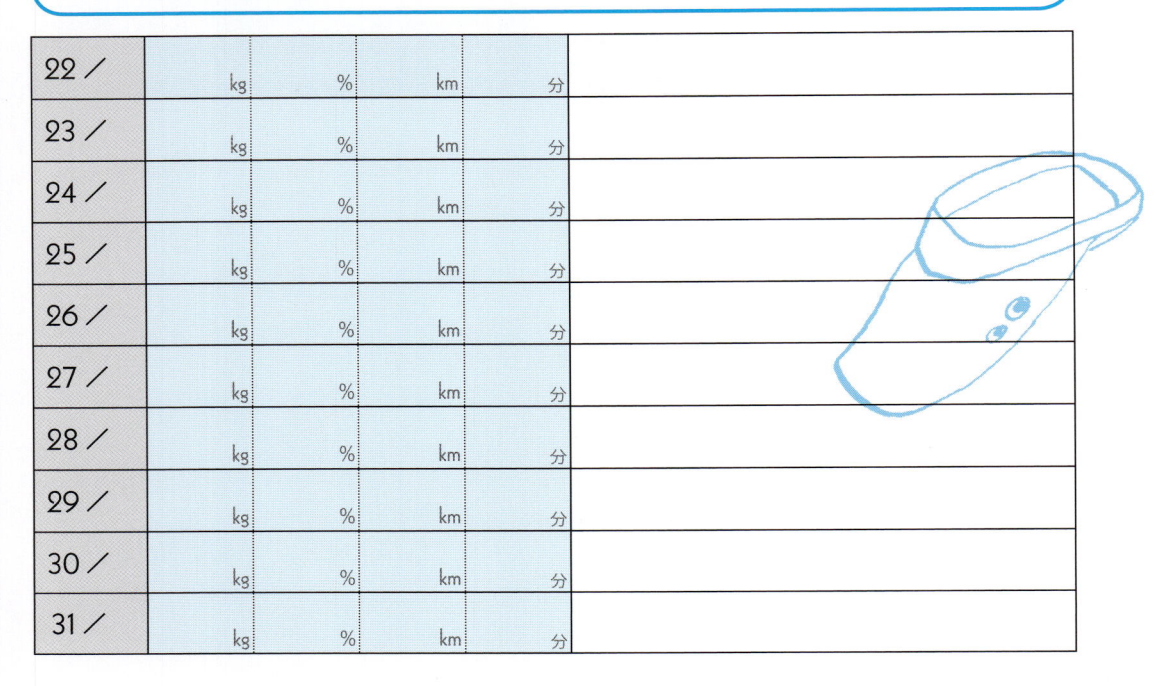

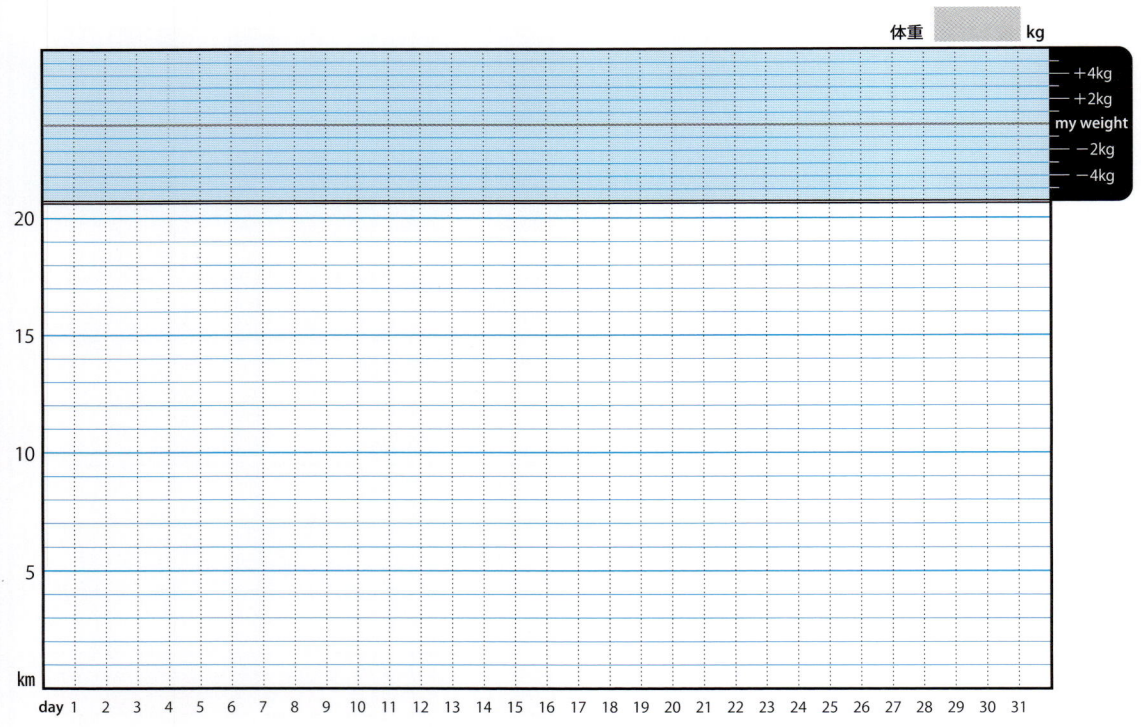

日付	体重	体脂肪率	距離	時間
22 /	kg	%	km	分
23 /	kg	%	km	分
24 /	kg	%	km	分
25 /	kg	%	km	分
26 /	kg	%	km	分
27 /	kg	%	km	分
28 /	kg	%	km	分
29 /	kg	%	km	分
30 /	kg	%	km	分
31 /	kg	%	km	分

体重　　　kg

— +4kg
— +2kg
my weight
— −2kg
— −4kg

km / day 1 2 3 4 5 6 7 8 9 10 11 12 13 14 15 16 17 18 19 20 21 22 23 24 25 26 27 28 29 30 31

月

今月の目標

日／曜日	体重(kg)	体脂肪率(%)	走行距離(km)	走行時間(分)	memo
1／	kg	%	km	分	
2／	kg	%	km	分	
3／	kg	%	km	分	
4／	kg	%	km	分	
5／	kg	%	km	分	
6／	kg	%	km	分	
7／	kg	%	km	分	
8／	kg	%	km	分	
9／	kg	%	km	分	
10／	kg	%	km	分	
11／	kg	%	km	分	
12／	kg	%	km	分	
13／	kg	%	km	分	
14／	kg	%	km	分	
15／	kg	%	km	分	
16／	kg	%	km	分	
17／	kg	%	km	分	
18／	kg	%	km	分	
19／	kg	%	km	分	
20／	kg	%	km	分	
21／	kg	%	km	分	

今月の平均体重　　　　　kg　　今月の平均体脂肪率　　　　％
今月の全走行距離　　　　km　　今月の全走行時間　　　　　分

日付	kg	%	km	分	
22／					
23／					
24／					
25／					
26／					
27／					
28／					
29／					
30／					
31／					

体重　　　kg

── +4kg
── +2kg
my weight
── −2kg
── −4kg

km / day 1 2 3 4 5 6 7 8 9 10 11 12 13 14 15 16 17 18 19 20 21 22 23 24 25 26 27 28 29 30 31

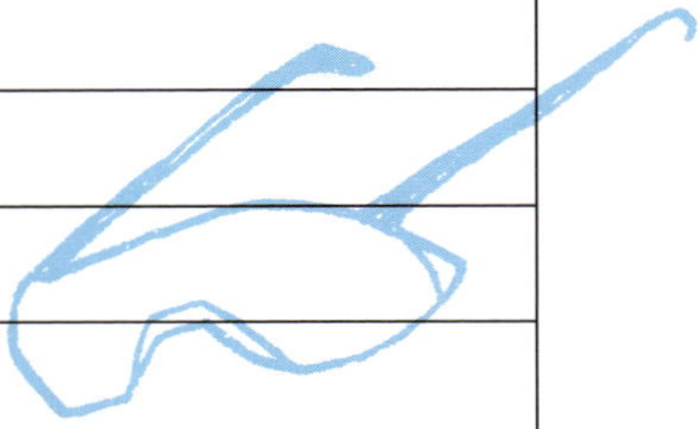

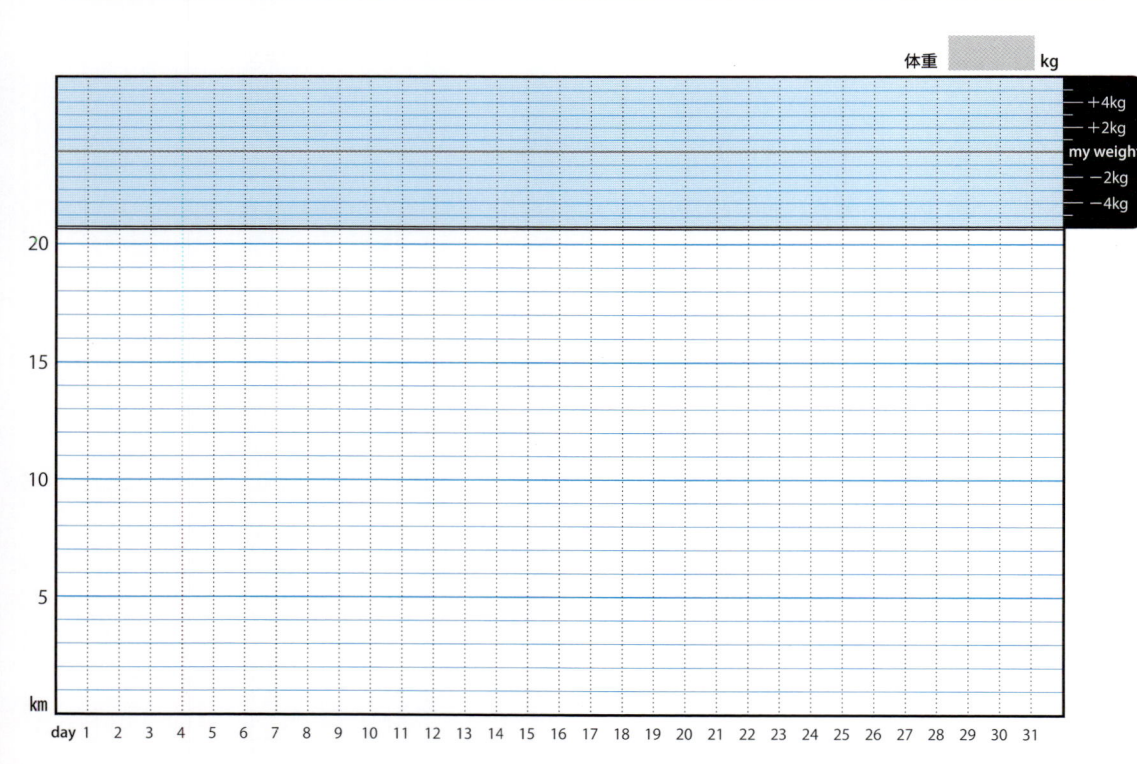

月

今月の目標

日／曜日	体　重 (kg)	体脂肪率 (%)	走行距離 (km)	走行時間 (分)	memo
1／	kg	%	km	分	
2／	kg	%	km	分	
3／	kg	%	km	分	
4／	kg	%	km	分	
5／	kg	%	km	分	
6／	kg	%	km	分	
7／	kg	%	km	分	
8／	kg	%	km	分	
9／	kg	%	km	分	
10／	kg	%	km	分	
11／	kg	%	km	分	
12／	kg	%	km	分	
13／	kg	%	km	分	
14／	kg	%	km	分	
15／	kg	%	km	分	
16／	kg	%	km	分	
17／	kg	%	km	分	
18／	kg	%	km	分	
19／	kg	%	km	分	
20／	kg	%	km	分	
21／	kg	%	km	分	

今月の平均体重　　　　kg　　今月の平均体脂肪率　　　　%
今月の全走行距離　　　　km　　今月の全走行時間　　　　分

日付	kg	%	km	分	
22/					
23/					
24/					
25/					
26/					
27/					
28/					
29/					
30/					
31/					

体重　　　　kg

+4kg
+2kg
my weight
−2kg
−4kg

day 1 2 3 4 5 6 7 8 9 10 11 12 13 14 15 16 17 18 19 20 21 22 23 24 25 26 27 28 29 30 31

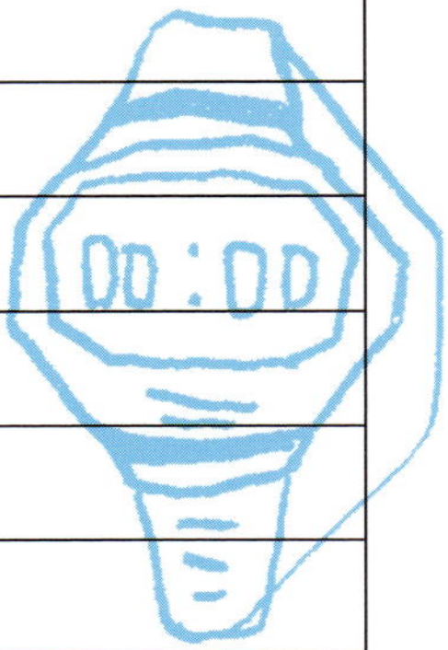

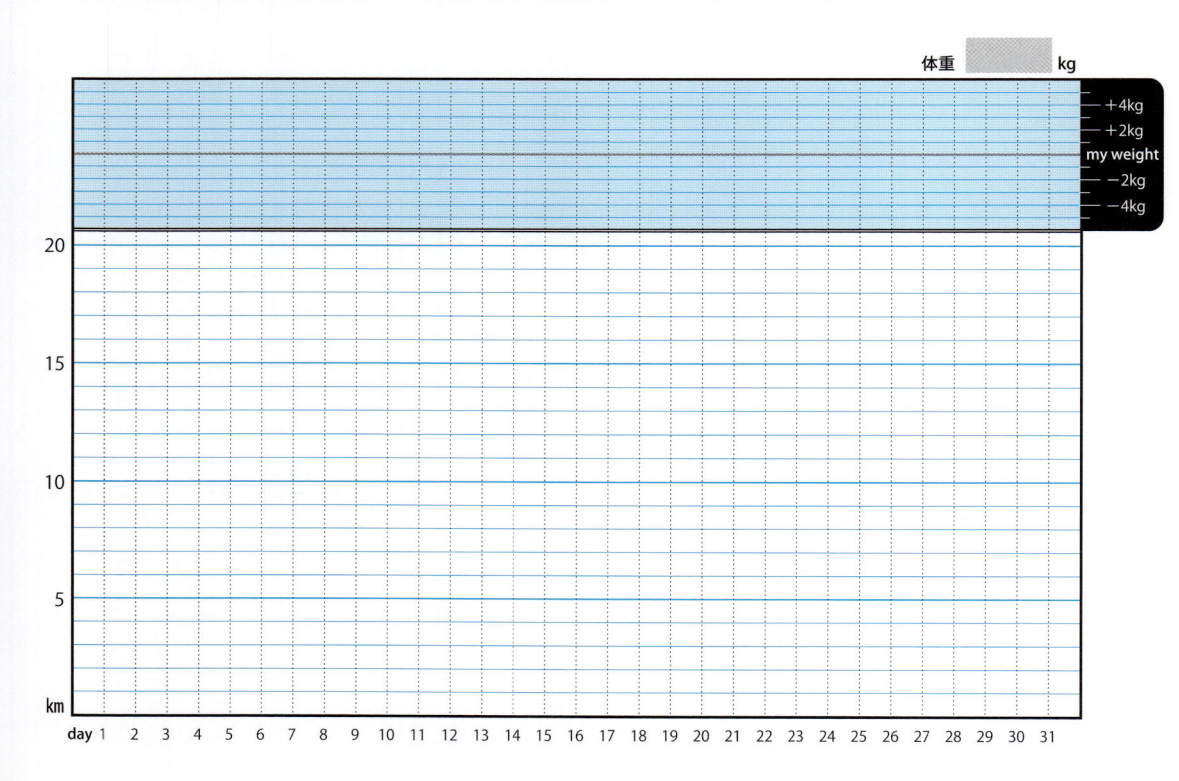

月

今月の目標

日／曜日	体重(kg)	体脂肪率(%)	走行距離(km)	走行時間(分)	memo
1／	kg	%	km	分	
2／	kg	%	km	分	
3／	kg	%	km	分	
4／	kg	%	km	分	
5／	kg	%	km	分	
6／	kg	%	km	分	
7／	kg	%	km	分	
8／	kg	%	km	分	
9／	kg	%	km	分	
10／	kg	%	km	分	
11／	kg	%	km	分	
12／	kg	%	km	分	
13／	kg	%	km	分	
14／	kg	%	km	分	
15／	kg	%	km	分	
16／	kg	%	km	分	
17／	kg	%	km	分	
18／	kg	%	km	分	
19／	kg	%	km	分	
20／	kg	%	km	分	
21／	kg	%	km	分	

今月の平均体重　　　　kg　　今月の平均体脂肪率　　　　%
今月の全走行距離　　　　km　　今月の全走行時間　　　　分

日付	kg	%	km	分	
22/					
23/					
24/					
25/					
26/					
27/					
28/					
29/					
30/					
31/					

体重　　　　kg

+4kg
+2kg
my weight
−2kg
−4kg

20
15
10
5
km
day 1 2 3 4 5 6 7 8 9 10 11 12 13 14 15 16 17 18 19 20 21 22 23 24 25 26 27 28 29 30 31

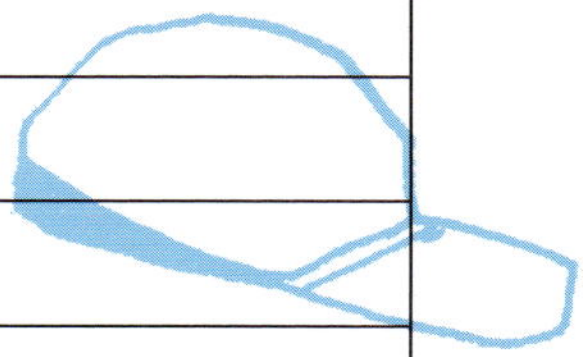

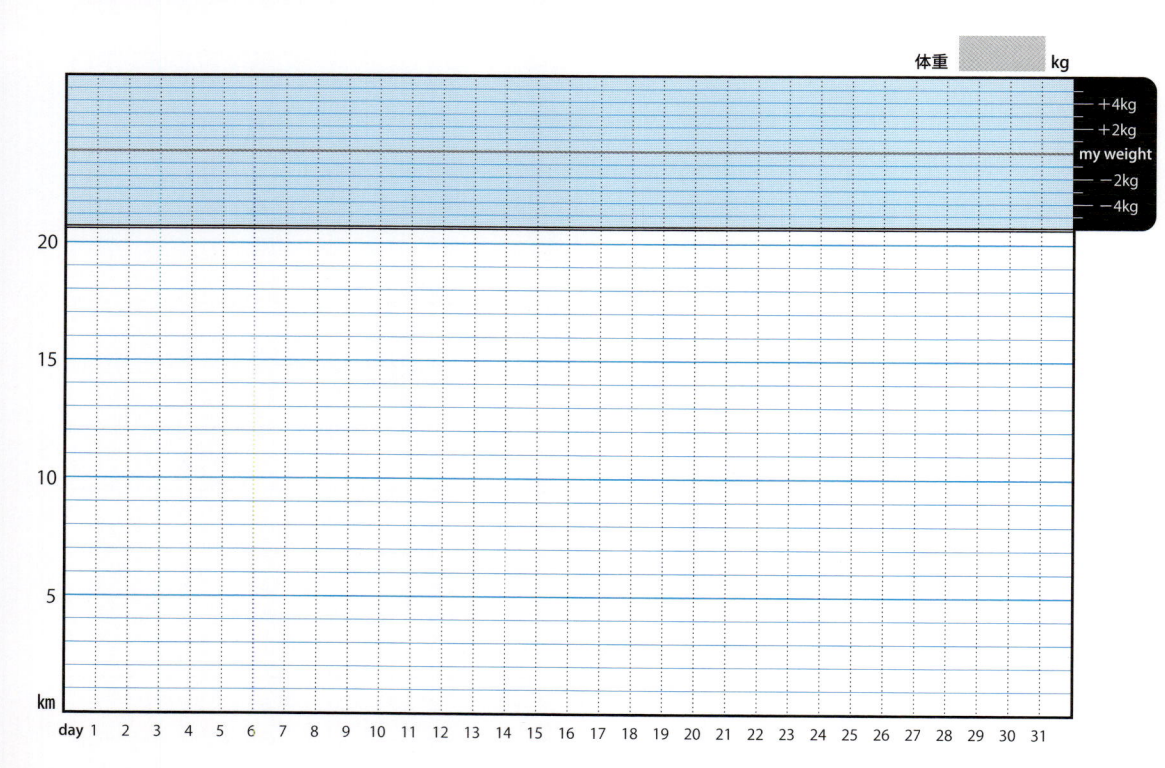

月

今月の目標

日／曜日	体重(kg)	体脂肪率(％)	走行距離(km)	走行時間(分)	memo
1／	kg	％	km	分	
2／	kg	％	km	分	
3／	kg	％	km	分	
4／	kg	％	km	分	
5／	kg	％	km	分	
6／	kg	％	km	分	
7／	kg	％	km	分	
8／	kg	％	km	分	
9／	kg	％	km	分	
10／	kg	％	km	分	
11／	kg	％	km	分	
12／	kg	％	km	分	
13／	kg	％	km	分	
14／	kg	％	km	分	
15／	kg	％	km	分	
16／	kg	％	km	分	
17／	kg	％	km	分	
18／	kg	％	km	分	
19／	kg	％	km	分	
20／	kg	％	km	分	
21／	kg	％	km	分	

| 今月の平均体重 | kg | 今月の平均体脂肪率 | % |
| 今月の全走行距離 | km | 今月の全走行時間 | 分 |

日付	体重	体脂肪率	距離	時間	メモ
22／	kg	%	km	分	
23／	kg	%	km	分	
24／	kg	%	km	分	
25／	kg	%	km	分	
26／	kg	%	km	分	
27／	kg	%	km	分	
28／	kg	%	km	分	
29／	kg	%	km	分	
30／	kg	%	km	分	
31／	kg	%	km	分	

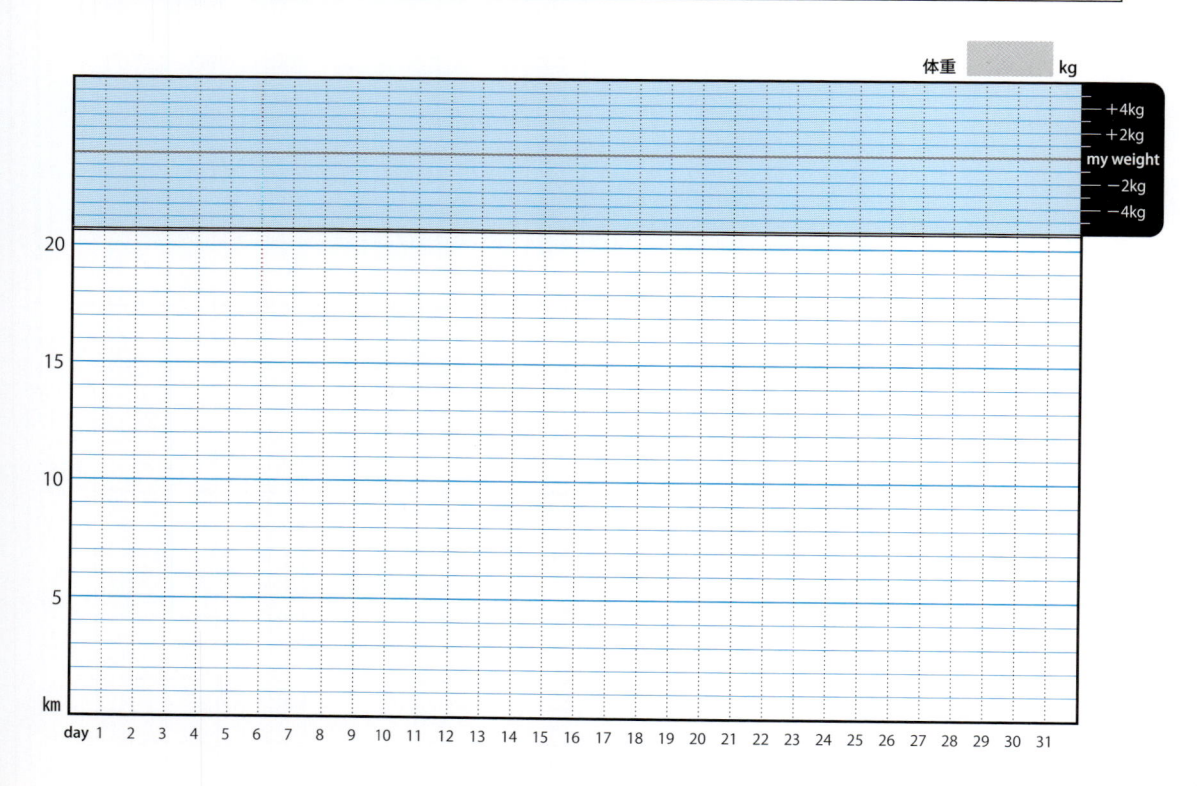

体重　　　kg

+4kg
+2kg
my weight
−2kg
−4kg

day 1 2 3 4 5 6 7 8 9 10 11 12 13 14 15 16 17 18 19 20 21 22 23 24 25 26 27 28 29 30 31

月

今月の目標

日／曜日	体　重 (kg)	体脂肪率 (%)	走行距離 (km)	走行時間 (分)	memo
1／	kg	%	km	分	
2／	kg	%	km	分	
3／	kg	%	km	分	
4／	kg	%	km	分	
5／	kg	%	km	分	
6／	kg	%	km	分	
7／	kg	%	km	分	
8／	kg	%	km	分	
9／	kg	%	km	分	
10／	kg	%	km	分	
11／	kg	%	km	分	
12／	kg	%	km	分	
13／	kg	%	km	分	
14／	kg	%	km	分	
15／	kg	%	km	分	
16／	kg	%	km	分	
17／	kg	%	km	分	
18／	kg	%	km	分	
19／	kg	%	km	分	
20／	kg	%	km	分	
21／	kg	%	km	分	

今月の平均体重　　　　kg　　今月の平均体脂肪率　　　　％
今月の全走行距離　　　　km　　今月の全走行時間　　　　分

日付	kg	%	km	分	
22／					
23／					
24／					
25／					
26／					
27／					
28／					
29／					
30／					
31／					

体重　　　　kg

+4kg
+2kg
my weight
−2kg
−4kg

day 1 2 3 4 5 6 7 8 9 10 11 12 13 14 15 16 17 18 19 20 21 22 23 24 25 26 27 28 29 30 31

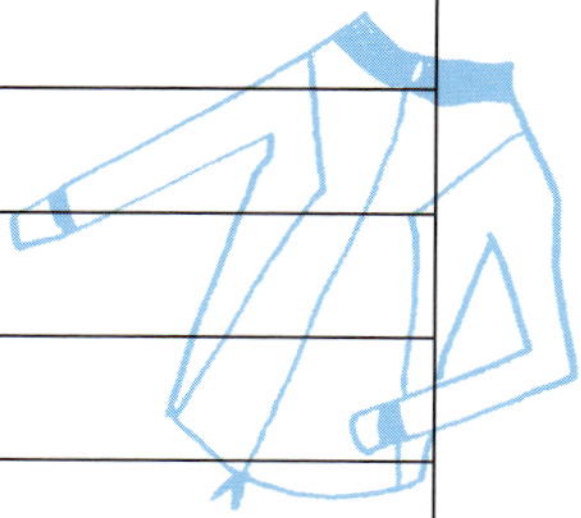

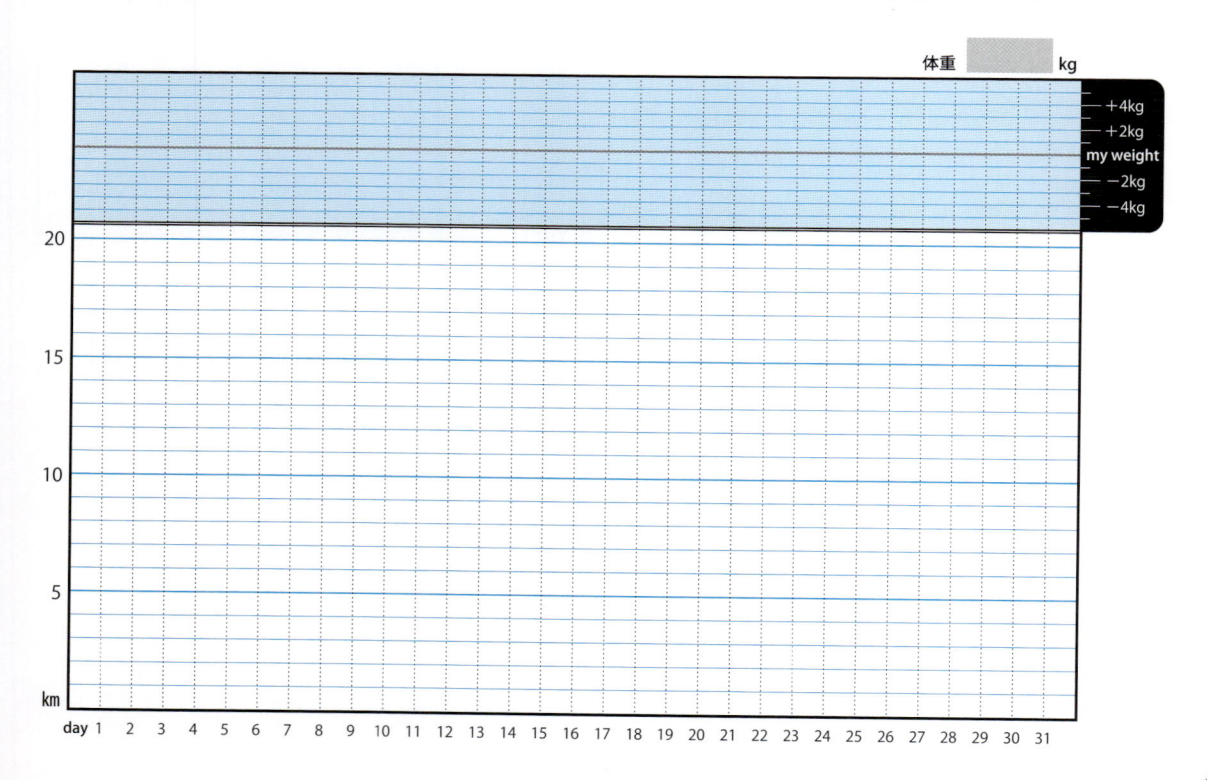

月

今月の目標

日／曜日	体重(kg)	体脂肪率(％)	走行距離(km)	走行時間(分)	memo
1／	kg	％	km	分	
2／	kg	％	km	分	
3／	kg	％	km	分	
4／	kg	％	km	分	
5／	kg	％	km	分	
6／	kg	％	km	分	
7／	kg	％	km	分	
8／	kg	％	km	分	
9／	kg	％	km	分	
10／	kg	％	km	分	
11／	kg	％	km	分	
12／	kg	％	km	分	
13／	kg	％	km	分	
14／	kg	％	km	分	
15／	kg	％	km	分	
16／	kg	％	km	分	
17／	kg	％	km	分	
18／	kg	％	km	分	
19／	kg	％	km	分	
20／	kg	％	km	分	
21／	kg	％	km	分	

今月の平均体重　　　　kg　　今月の平均体脂肪率　　　　%
今月の全走行距離　　　　km　　今月の全走行時間　　　　分

日付	kg	%	km	分	
22/					
23/					
24/					
25/					
26/					
27/					
28/					
29/					
30/					
31/					

体重　　　　kg

+4kg
+2kg
my weight
−2kg
−4kg

km / day 1 2 3 4 5 6 7 8 9 10 11 12 13 14 15 16 17 18 19 20 21 22 23 24 25 26 27 28 29 30 31

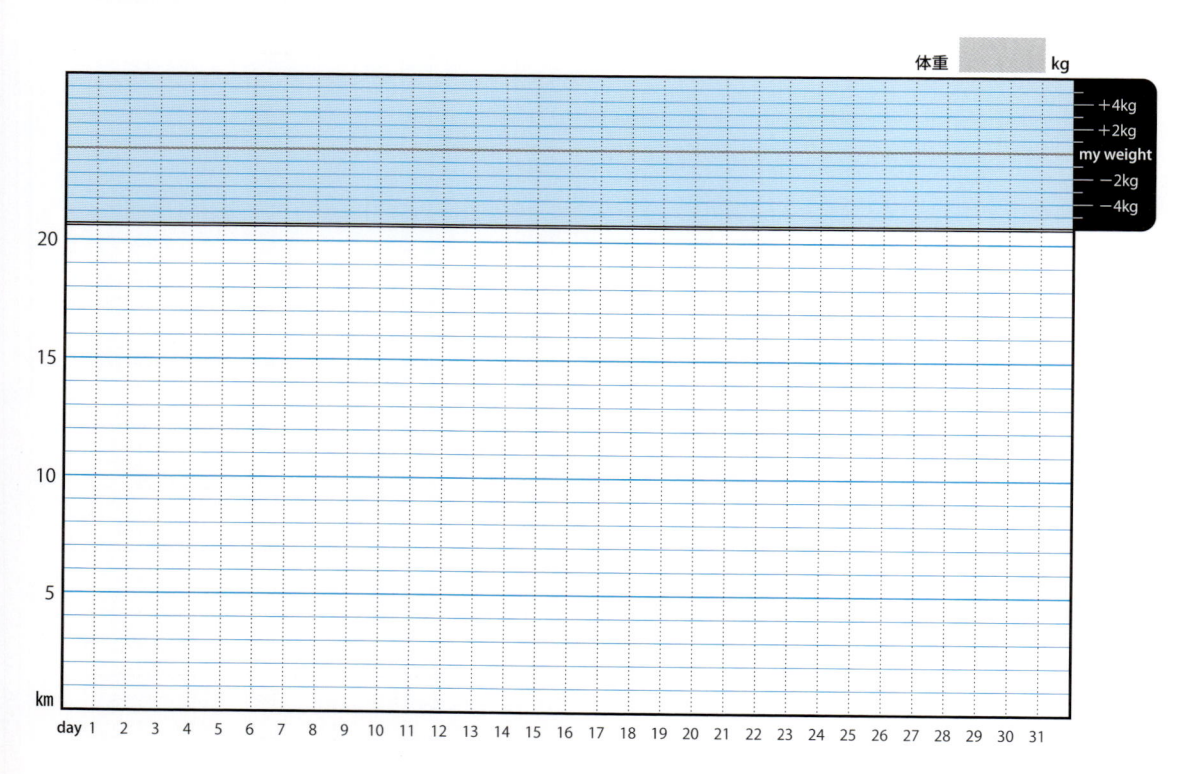

月

今月の目標

日／曜日	体重(kg)	体脂肪率(%)	走行距離(km)	走行時間(分)	memo
1／	kg	%	km	分	
2／	kg	%	km	分	
3／	kg	%	km	分	
4／	kg	%	km	分	
5／	kg	%	km	分	
6／	kg	%	km	分	
7／	kg	%	km	分	
8／	kg	%	km	分	
9／	kg	%	km	分	
10／	kg	%	km	分	
11／	kg	%	km	分	
12／	kg	%	km	分	
13／	kg	%	km	分	
14／	kg	%	km	分	
15／	kg	%	km	分	
16／	kg	%	km	分	
17／	kg	%	km	分	
18／	kg	%	km	分	
19／	kg	%	km	分	
20／	kg	%	km	分	
21／	kg	%	km	分	

[著者紹介]

牧野 仁（まきの　ひとし）

Japanマラソンクラブ主宰。フィジカルトレーナー，フィットネスインストラクターなどを経た後，2006年（有）スポーツネットワークサービスを立ち上げ，スポーツ・健康にかかわるサポート事業を展開。Japanマラソンクラブはその中核事業の1つで，初心者から経験者まで多くの会員を指導している。主な著書に『楽して走ろうフルマラソン』（ランナーズ，2008），『DVD付き　5時間を切る！マラソン完走BOOK』（主婦の友社，2008）がある。

<Japanマラソンクラブ>
電話：03-6661-8969　FAX：03-5211-5219　URL：http://jmc-run.com

きれいになれるランニング
ⓒ Hitoshi MAKINO, 2008　　　　　　　　　　NDC782／86p, 25／24cm

初版第1刷	2008年11月15日

著者	牧野 仁（まきの ひとし）
発行者	鈴木一行
発行所	株式会社大修館書店
	〒101-8466　東京都千代田区神田錦町 3-24
	電話 03-3295-6231（販売部）　03-3294-2358（編集部）
	振替 00190-7-40504
	[出版情報]http://www.taishukan.co.jp

装丁・DTP	大島恵里子
カバー・本文イラスト	シメゴト飯島栄子（Cimegotto Iijima Eiko）
撮影	渡辺泰司
印刷所	三松堂印刷
製本所	難波製本

ISBN978-4-469-26671-9 Printed in Japan
Ⓡ本書の全部または一部を無断で複写複製（コピー）することは，著作権法上での例外を除き禁じられています。